/ 100位
为新中国成立作出突出贡献的英雄模范人物/

闻一多

李 娇 郭雅静 王婷婷/编著

★

吉林文史出版社

图书在版编目（CIP）数据

闻一多 / 李娇，郭雅静，王婷婷编著. -- 长春：
吉林文史出版社，2011.4（2022.4重印）
（100位为新中国成立作出突出贡献的英雄模范人物）
ISBN 978-7-5472-0566-2

Ⅰ．①闻… Ⅱ．①李… ②郭… ③王… Ⅲ．①闻一多
（1899～1946）－生平事迹 Ⅳ．①K825.6

中国版本图书馆CIP数据核字（2011）第050788号

闻一多

WENYIDUO

编著/ 李娇 郭雅静 王婷婷

选题策划/ 王尔立 责任编辑/ 王尔立

装帧设计/ 韩璘

出版发行/ 吉林文史出版社

地址/ 长春市福祉大路5788号 邮编/ 130118

电话/ 0431-81629363 传真/ 0431-86037589

印刷/ 天津海德伟业印务有限公司

版次/ 2011年4月第1版 2022年4月第6次印刷

开本/ 640mm×920mm 1/16

印张/ 9 字数/ 100千

书号/ ISBN 978-7-5472-0566-2

定价/ 29.80元

/**100**位

为新中国成立作出突出贡献的英雄模范人物/

八女投江	于化虎	小叶丹	马本斋	马立训	方志敏
毛泽民	毛泽覃	王尔琢	王尽美	王克勤	王若飞
邓 萍	邓中夏	邓恩铭	韦拔群	冯 平	卢德铭
叶 挺	叶成焕	左 权	诺尔曼·白求恩		任常伦
关向应	刘老庄连	刘伯坚	刘志丹	刘胡兰	吉鸿昌
向警予	寻淮洲	戎冠秀	朱 瑞	江上青	江竹筠
许继慎	阮啸仙	何叔衡	佟麟阁	吴运铎	吴焕先
张太雷	张自忠	张学良	张思德	旷继勋	李 白
李 林	李大钊	李公朴	李兆麟	李硕勋	杨 殷
杨子荣	杨开慧	杨虎城	杨靖宇	杨闇公	萧楚女
苏兆征	邹韬奋	陈延年	陈树湘	陈嘉庚	陈潭秋
冼星海	周文雍、陈铁军夫妇		周逸群	明德英	林祥谦
罗亦农	罗忠毅	罗炳辉	郑律成	恽代英	段德昌
贺 英	赵一曼	赵世炎	赵尚志	赵博生	赵登禹
闻一多	埃德加·斯诺	夏明翰	格里戈里·库里申科		
狼牙山五壮士	聂 耳	郭俊卿	钱壮飞	黄公略	
彭 湃	彭雪枫	董存瑞	董振堂	谢子长	鲁 迅
蔡和森	戴安澜	瞿秋白			

前　言

　　每个人的心中都多少有一点英雄情结，都向往英雄、景仰英雄。也正因此，在中华人民共和国建国六十周年之际，由中央十一部委联合组织开展的"100位为新中国成立作出突出贡献的英雄模范人物和100位新中国成立以来感动中国人物"的评选活动中，群众参与投票总数近一亿。这其中的每一张选票，都表达了人们对英雄模范的崇敬之情，寄托着对伟大祖国的美好祝福。

　　一个民族不能没有英雄，否则这个民族就不会强大。当国家危难之时，懦弱者选择了逃避、妥协甚至投降，英雄们却挺身而出，用热血捍卫民族的尊严，人民的幸福。在创立和建设新中国的伟大历程中，涌现出无数可歌可泣的英雄模范人物。他们之中，有为了民族独立和人民解放而英勇牺牲的革命先烈，有为了党和人民的事业而不懈奋斗的优秀共产党员，有在全民族抗战中顽强奋战、为国捐躯的爱国将士，有英勇杀敌的战斗英雄和革命群众，有积极从事进步活动的著名民主爱国人士和国际友人……他们是民族的脊梁、祖国的骄傲，是激励全体人民团结奋斗的精神力量。

　　《100位为新中国成立作出突出贡献的英雄模范人物传记》丛书，就像一部星光璀璨的英雄谱，真实、完整地记录了英雄模范人物不平凡的一生，再现了他们非凡的人格魅力和精神世界。"头颅可断腹可剖"的铁血将军杨靖宇，"毫不利己，专门利人"的白求恩，"抗战军人之魂"张自忠，"砍头不要紧"的夏明翰，"俯首甘为孺子牛"的文化斗士鲁迅……一串串闪光的名字，一个个动人的故事，犹如群星闪烁，光耀中华。

　　如今，战火已熄，硝烟已散，英雄已逝，我们沐浴在和平的幸福之中。在和平年代，人们不会忘记为今日的和平浴血奋战的英雄们，英雄的故事永远不会结束。让我们用英雄的故事唤醒我们心中的激情，为中华民族的伟大复兴而奋斗。

生平简介

闻一多（1899-1946），男，汉族，湖北省浠水县人，中国民主同盟盟员。

闻一多 1912 年考入北京清华学校，曾担任《清华周刊》总编辑及《清华学报》编辑。1919 年 6 月作为清华学校学生代表去上海参加全国学生联合会成立大会。1922 年赴美留学，先后在芝加哥美术学院、科罗拉多大学美术系学习。1923 年在国内出版了诗集《红烛》。1925 年回国，任北京艺术专科学校教务长。1927 年应邓演达之邀，到武汉国民革命军总政治部负责艺术股工作。不久离开部队。同年秋到南京第四中山大学任外文系主任。3 月参加《新月》杂志的编辑工作。同年秋到武汉任文学院院长兼中文系主任。1930 年任青岛大学文学院院长。1932 年回到北京，任清华大学中文系教授，投入中国古典文学的研究。抗日战争时期，任西南联合大学教授。1943 年开始得到中共昆明地下党和民主同盟的帮助，积极投身争取民主的斗争。1944 年参加中国民主同盟，并被选为云南支部委员。1945 年 9 月任民盟中央执行委员兼《民主周刊》社社长。1946 年 6 月下旬与民盟云南支部的委员一起举行招待会，对各界人士表明了反对内战的态度。7 月 15 日在李公朴追悼会上发表讲演，当天被国民党特务暗杀。

1899-1946
[WENYIDUO]

◀ 闻一多

目 录 MULU

爱国为民的闻一多（代序）

闻一多出生在世纪之交，滋养于中华大地，沐浴于欧风美雨之中，处于中外文化、古今传统的猛烈冲击碰撞之时。他像一根红烛照亮了祖国和人民，却燃尽了自己。

闻一多是我国著名的诗人、学者、民主斗士，这大体是他一生经历的三个阶段，又是他终其一生兼而有之的三重品格。他做学者的时期最长，斗士的时期最短，然而他始终不失为一个诗人；而在诗人和学者的时期，他也始终不失为一个斗士。

他作诗，以"诗人的主要天赋是爱，爱他的祖国，爱他的人民"为指导，创作了许多深邃感人的爱国诗篇，惜墨如金挥洒的却是大爱。

他研究中国古典文学，则力图通过弘扬中华文化，征求和振兴中国。他曾说："我国前途之危险，不独政治、经济有被人征服之虑，且有文化被人征服之祸患，文化之征服甚于他方面之征服千倍之。杜渐防微之责，舍我辈其谁堪任之！"

他教书育人，治学严谨要求严格，倾其所学提携后辈，鼓励他们向实践学习，向人民学习，成为青年的学术导师和精神导师。

他拍案而起参加民主运动，更是出于忧国忧民之心，终以生命彰显爱国的忠诚。

他怀着赤诚的爱国之心，八方追寻，上下求索，终于在漫漫黑夜中看到了曙光，看到了拯救和振兴中华的希望。他说自己"身在南方，心向北方"，他真诚地把中国共产党人视为实现人类崇高理想的亲密战友，并义无反顾地愿和他们同生死共患难。

他耿介正直，光明磊落，爱憎分明，嫉恶如仇的人格力量，在群众中特别是在青年学生中深受爱戴尊敬，为此，也引起反动派对他特别的恐惧与忌恨。

毛泽东曾在《别了，司徒雷登》一文中这样说道："我们中国人民是有骨气的。许多曾经是自由主义者或个人民主主义者的人们，在帝国主义者及其走狗国民党反动派面前站了起来。闻一多拍案而起，横眉怒对国民党的手枪，宁可倒下去，不愿屈服……表现了我们民族的英雄气概。"

闻一多在短暂的生命历程中，无论是艺术实践、诗歌创作、学术研究，抑或是教学育人、交友处世、政治活动，直至最终以身殉志，英勇献身，血溅春城，都是把追求民主、自由、独立与进步的永恒理念和崇高精神贯穿于始终。"爱国为民"是闻一多先生一生的主旋律，其仅仅燃烧 47 个春秋的生命红烛，谱写了爱国为民的伟大诗篇，他用鲜血和信念铸就的铿锵奇文将永远镌刻于历史，永远激励后人前行！

家世与启蒙

（1899—1911）

→ 家族身世

（0-4 岁）

　　在湖北省东部，长江中游的北岸，坐落着一座秀美的古城——浠水，浠水地处鄂东腹地，南临天险长江，北依连绵的大别群山，百里浠河绕城而去，千年古道穿城而行，自古便有"水陆要冲，鄂东门户"之称。绵延二百余里的巴河水就在这里与长江相会，秀丽的山水、粗犷的民风，孕育出巴河流域的代代人杰，明末阁老姚明恭、清朝状元陈沆都出于此，形成"巴水悠悠出大贤，各领风骚数百年"的人文奇观。

　　1899 年 11 月 24 日未时，闻一多就出生在浠水县巴河古镇望天湖畔的闻家铺。在这里，闻姓是一个大族，四世同堂的几十口人生活在一起，世代书香。据闻氏家谱所言，闻氏的科举功名起于第六世大玉公，虽不显赫，但此后贡生、太学生屡出不衰，到了第十世显高公，举家迁至巴河镇，购田置地，繁衍生息。

闻一多的父亲，名廷政，字固臣，是晚清的秀才，精通国学，为人严谨。早年曾参加过一些政界活动，受过新思潮的影响。闻廷政共有五个孩子，闻一多是他的第四个儿子，诞生之时，正值中国历史的转折时期，资本主义的大炮打开了封建王朝的大门，揭开了中国近代史的序幕，社会性质开始发生深刻变革。西方列强的入侵，一方面促使封建社会的解体，另一方面促进了资本主义萌芽，使原本独立的封建社会变成了一个半封建半殖民地的中国。一批先进的中国人在鸦片战争失败后，开始向西方国家寻求真理，1898年，以康有为为代表的资产阶级维新派发动了戊戌变法，这场资产阶级政治改良运动虽然很快失败，但却为近代中国思想启蒙运动的蓬勃兴起

△ 闻氏宗谱

开辟了道路，留下了解放思想、变革观念、除旧布新的宝贵遗产，促进了中国人民的觉醒。

闻一多出生于家业兴旺之时，祖父在望天湖畔筑起一幢三进三出的宽大院落,人称"新屋"。新屋气派非凡，一色青砖，门首悬"春生梅阁"，两旁铭刻"七十从心所欲，百年之计树人"对联。屋内专门开辟了一间书房，取名"绵葛轩"，内藏经史子集万卷之多，此外还藏有字画和拓片。闻家后辈广出人才，也是得益于此。

当时与闻一多同辈的嫡、堂兄弟有十七人之多,他行十一。当时的封建大家庭取名字讲排行，

△ 闻一多先生故居

闻一多是"家"字辈，故称家骅，取名亦多，号友三。《论语·季氏篇》有云"益者三友"，"友直、友谅、友多闻"，儿子的名字取自《论语》，显见父母的殷切期望。

→ 教育启蒙

★★★★★

（5—12岁）

旧式家庭很重视启蒙教育，闻一多5岁便入私塾，读《三字经》《幼学琼林》《尔雅》与"四书"，后来回到闻家新屋的家塾，和其他闻家子弟一同读书。少年时代的闻一多并不像其他男孩子那样喜爱嬉笑打闹，而是显出了超越年龄的文雅稳重，那个时期思想文化开明，交通交流便利，新学思潮渐渐成为主流。当时的先生是新请来的毕业于师范学堂的王梅甫，他接受新学思想，并对私塾教育方式方法进行改革，除了讲授原有的传统内容之外还增加了国文、博物、历史、修身等内容，有时候还会选讲梁启超的文章，使用新编课本，教学方法上也不再是传统私塾的体罚与死背，而是开发孩子的潜能，激发阅读的兴趣，增加孩子求知的欲望。在这样的家塾教育中，少年时期的闻一多就表现出对阅读和求知的专注，经常是外面一有热闹，其他孩子都争着跑出去看，只有少年闻一多不受干扰，依旧专心读书，因此也经常得到祖父的表扬。

除了在家塾读书学习，闻一多晚上还会随父亲一同读《汉书》，并且融会贯通，如痴入迷，父亲非常喜欢，于是读史成为父子每日的必修之举。少年时期的闻一多爱好广泛，尤其是绘画，从小受父辈的影响，闻一多很小的时候就开始模仿着画画，随见随画，自成一派，这种完全出自自然的喜爱对他的一生都产生了深远影响，成为闻一多后来艺术发展的良好基础。

闻一多开始读书之后，家里便有了一间属于他的小书房，不大，但很安静，四周翠竹掩映，氤氲生香，临山傍水，鸟鸣潺潺，闻一多曾在诗中这样描述：

面对一幅淡山明水的画屏，

在一块棋盘似的稻田边上，

蹲着一座看棋的瓦屋，

紧紧地被捏在小山的掌心里。

......

——《二月庐》

后来闻一多在清华上学，每个暑假回家，小书屋都成为他两个月读书的乐土，因此得名"二月庐"。在"二月庐"里，桌子上、凳子上、茶几上到处堆的都是书。他嫌一般书桌不够宽大，便把裁缝做衣服用的案板拿来当书桌。湖北的7、8月，奇热无比，不做事都汗流浃背，"二月庐"

▽ 以"二月庐"为主体布局的闻一多纪念馆

暑假里就变成真正的"二月'炉'"了，闻一多坐在里面简直跟进了烤炉一样，汗如雨注，但是，他仍看书不止。有时连吃饭睡觉都忘记了。后来著名的《二月庐漫记》就是在这间瓦屋里完成的。《二月庐漫记》是一系列的读书笔记，1916 年分十六期连载于《清华周刊》。

1910 年，闻一多在家乡已经读了六年私塾，科举考试早在五年前就停了，外面的世界也变得一天天复杂起来，时代变了，在家乡读私塾毕竟不能适应新时代的需要。闻氏家族的老人决定，把闻一多和他的几个小兄弟送到武昌去上新学堂。于是，这些孩子便在闻一多一位叔父的率领下，在武昌"三佛阁"庙里租了一间房住下来。并且自带仆人起火做饭。稍加补习之后，小家伙们都考入了两湖师范附属高等小学。就这样，11 岁的闻一多和另外几个堂兄弟开始了在新学堂的学习。

这所小学所附属的两湖师范学堂，是两湖地区创办最早、规模最大的一所师范学堂，也是湖广总督张之洞进行"中学为体，西学为用"的洋务运动实绩之一。学校采用的是新式教材和方法，学校独特的背景使得闻一多所在的小学与时局有着天然的联系，并对各种新思想、新信息非常敏感。

在这所当时颇有名气的小学里，闻一多只接受了一年的新式教育，第二年孙中山先生领导的革命党人在武昌举行起义，中国历史上具有划时代意义的辛亥革命就在他身边爆发了，闻一多身临其境，目睹了这场轰轰烈烈的革命。虽然因为年幼，闻一多还很难理解革命的实质，但这种激昂的革命氛围在他少年的心里却留下了深刻的烙印。起义爆发后闻一多并没有惊恐，他新奇地看着周围的一切，在辛亥革命的激励下，许多男人公开剪掉辫子，表示拥护共和、反对清朝的封建统治，年少的闻一多想也没想便也将辫子剪掉了，家人为他着实捏了一把汗。

辛亥革命后，武昌形势复杂，学校也暂时停课，闻一多便与家人一起回到了故乡浠水。第二年，武昌的局势逐渐恢复平静，已经13岁的闻一多又回到武昌，他先考入民国公校，很快又进入了实修学校。1912年夏天，省教育司门前贴出了清华学校的招生启事：招收四名15岁以下的高小学生入中等科一年级，入学后学费膳费全免，八年后公费资送美国留学。闻一多的父亲看到这个招生启事后很是动心，一方面，他考虑到这是儿子求学的好机会，另一方面出于节省家庭开销的考虑，他毅然决定送闻一多前去报考。

在初试中，闻一多的一篇《多闻阙疑》，既有对自己名字的双关，又有对梁启超笔法的熟练运用，笔法纯熟，一气呵成，这篇出类拔萃的文章使得闻一多独占鳌头，得到考官们的赞赏，以第一名的成绩进入复试。这年冬天；他到清华复试，以鄂籍第二名的成绩被清华学校录取。从此，刚满 13 岁的闻一多结束了童年生活，带着对故乡的怀念，踏进了清华园，开始了人生的探索和追求。

清华十载

（1912—1922）

→ 清华园内

1912年冬，闻一多进入清华学习。1922年5月毕业，在清华园内整整度过了十载春秋。这十年，正是闻一多风华正茂的青少年时代。

当时的清华学校是现在清华大学的前身，创办于1911年，校址就在现在的清华大学内。1925年之前又叫留美预备学校，是用美国退还的部分庚子赔款筹建的。招收的学生是由各省按照庚子赔款摊派数量的比例公开招考上来的，一旦考上，就将享受优厚的待遇，不仅学习和食宿等费用基本全免，而且毕业后将官费保送美国留学。

清华学校学制为八年，即中等科和高等科各四年，作为留美预备学校，当时的清华大部分课程都用英文授课，可闻一多以前并没有系统地学过英文，为了打好英文基础，他和其他十几个同学一起留了一级，后来又因为"罢考事件"延缓一年出国，这样闻一多就在清华整整度过了十年时光。

清华十年，是闻一多一生中的重要阶段。作为留美预备校，当时清华的教学体制和课程设置都服务于留学，采纳许多西方的教学思想，所以少年闻一多获得了更早更全面地了解西方文明的机会，受到了较全面的现代科学文化的启蒙，这对于他后来思维的养成和知识基础的奠定都起到了极大的推动作用。同时，清华学堂又恰好处于国内政治文化中心，是中西文化的碰撞交融之

▽ 清华学校辛酉级中等科一年时同学合影（四排左二为闻一多）

地，特殊的环境使得闻一多的思想更快地成熟起来，对闻一多日后的成长起到了重要的作用。

1913年9月，闻一多重新从中等科一年级读起，因为这个年级的学生读到高等科毕业正好是1921年，即辛酉年，所以人们习惯称他们为"辛酉级"。当时和闻一多同级的同学有73人，其中和闻一多关系较好的有潘光旦、何浩若、吴泽霖、罗隆基、翟世英等，后来插入辛酉级的杨廷宝、浦薛凤、黄子卿以及吴国桢等也成为闻一多的至交。若干年后，他们再在抗战的烽火中相遇时，都已经成为在各方面颇有成就的大学教授了。

在辛酉级中，闻一多是一个非常活跃的学生，入学两个月后他便同另一湖北籍同学何钧共同创立了以"建硕道德，交换智识而联络感情"为宗旨的"课余补习会"，并被推选为副会长。这种学生团体在高年级中有不少，在新生中则是第一个。课余补习会成立三个星期后，大家准备将优秀的作品编辑成杂志，14岁的闻一多被推举为主编，开始编辑他平生的第一本杂志《课余一览》。这本刊物刊登了闻一多自己的很多作品，记载了闻一多思想成熟的过程。早期比较有代表性的作品《名誉谈》是迄今所知闻一多的第一篇论说文，这篇习作虽然是闻一多的初次尝试，却反映了他的早期人生观，记录了闻一多当时对于做人的一些思考，文章这样开头：

处百龄之内，居一世之中，倏忽比之白驹，寄寓谓之逆旅。所谓结驷连骑之游，侈袟执圭之贵，乐既乐矣，特黄粱一梦耳。其能存纪念于世界，使体魄逝而精神永存者，惟名而已。

《名誉谈》亮出了闻一多对知识分子独善其身的反对态度，提出知识分子要不断进取为社会作贡献，同时还体现了批判精神，否定了宋代的程朱理学，成为闻一多思想成熟过程中的一个重要标志。

作为一个勤奋上进、成绩优秀的学生，闻一多不论寒冬酷暑，读书写作从未间断过，学习成绩一直名列前茅。由于他的国学根底较好，学校的刊物上总会见到他所写的旧体诗和骈体诗，因此成为当年清华园内颇为知名的"文人"。当他

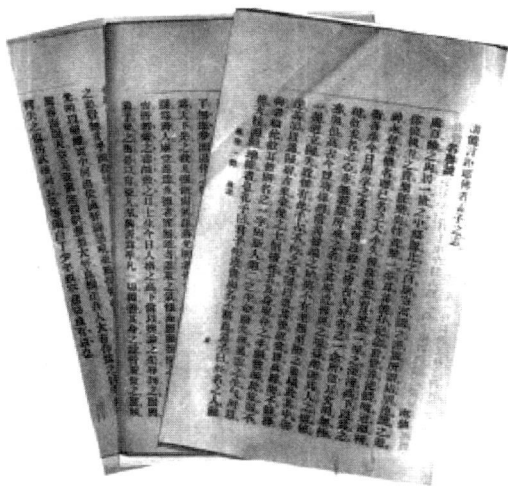

△ 《名誉谈》是迄今所知闻一多的第一篇论说文

还在中等科三年级的时候，就担任《清华周刊》的编委，随后又当选为总编辑和学术性的《清华学报》编辑。

清华园是有名的洋学堂，帝国主义妄图通过这块阵地，"从知识上和精神上"，培养"支配中国的领袖"。在清华园里，"所有办法均照美国学堂"，校中事务必须"与美国公使所派人员商榷"，管理和教学要按照"美国的风俗习惯和教授法"办理。中国文化受到歧视，而西学则被奉为是至高无上的。清华的一些当权者更是卑躬屈膝，唯美是瞻，使这里成为了奴化教育渗透的场所。

对清华的封建主义和奴化教育，闻一多非常厌恶。进校后不久，闻一多就自编自演了独幕剧《革命军》，此剧以武昌起义为题材，生动描述了武昌都督在辛亥革命前后残酷镇压革命党人和狼狈逃窜的故事。闻一多在其中扮演了一位坚持共和、反对专制的革命者，塑造了一个大义凛然、威武不屈的义士形象，此剧在全校演出后，引起了强烈反响，博得广泛称誉。这不仅显示了他出众的艺术才华，而且展示了他倔强的战士性格。

随着帝国主义对中国侵略步伐的加快，清华园的学生们忧国忧民的情绪与日俱增，无论自觉程度如何，每个人都要作出自己的判断与抉择，这必然促使不少青年的思想日趋成熟，闻一多正是其中早熟的一个典型。对于闻一多而言，这主要体现在演讲辩论、编演戏剧和倡导普及教育等方面。

在清华的中等科中，举办辩论会是一种比较常见的训练形式，往往由辩论双方就现实中至关重要的话题展开辩论，由比较权威的先生作为裁判。闻一多经常作为辛酉级的主辩，由他参加的辩论赛就有"今日中国小学校能否有读经"（1914 年 3 月 14 日）、"国家富强在政欤抑在人欤"（1915 年 11 月 13 日）、"今日中国修炼甲兵较普及教育为尤要"（1916 年 4 月 27 日）、"解决体育馆与图书馆孰为重要"（1916 年 11 月 4 日）、"普通教育较人才教育为要"（1917 年 3 月 17 日）、"今日中国科学家较文学家为要"（1917 年 4 月 21 日）等等，取材广泛，涉及到社会的方方面面。1917 年 10 月底，闻一多被选为

△ 独幕剧《革命军》剧照。右一为闻一多扮演的革命党人。

辛酉级代表，参加全校的国语演说辩论团。长时间的辩论经历激发了闻一多对于时事的思考，促使忧患意识成为一股强大的力量。

除了开展辩论赛和参加话剧表演外，当时闻一多和他的同学陆续以所学开展实践，力争改变一些状况，作为留美预校，清华的学生可以很容易地接触到西方的思想，也可以直接读到许多西方的著作，当时的闻一多和同学们比同龄人有更多的机会接触进步思想，另外蔡元培和黄炎培等一批教育家的思想也在学生中有很大的影响，当时持有以教育救国思想的青年不在少数，于是他们准备利用现有资源，在普及教育方面做一些努力。

1915 年起他们开始筹建贫民小学，寄希望于基础教育。他们用募集的资金创办了贫民小学，并取名为"成府小学"，校址就选在清华园内。那段时间，闻一多还经常和同学来到清华园附近的小村子开办露天学堂，教失学儿童识字，后来还开办过成年人识字班和公用图书馆。当时的闻一多并没有接受过马克思主义思想的指引，他们的所做所想也不是对劳动人民的彻底解救，他们只是单纯地从行动上对身边的弱者施以救助，这种举动对后来闻一多的思想转变和世界观的形成有一定的促进作用。

闻一多自幼喜爱美术，在家乡时喜欢看中国古书前的插画，时时描摹。进入清华以来，他更是对图画这门课程情有独钟。从 1914 年起，闻一多就经常参加写生团，凭他年少时的基本功和兴趣动力很快就在同学当中脱颖而出。在图画教师的学生作品展示墙上，最显眼的位置总是会摆放着闻一多的作品。1915 年，他的作品还被送去参加了巴拿马博览会。到了中等科四年级后，图画课停上，美术老师把爱好美术的同学组织起来成为图画特别班，闻一多就成了图画特别班的积极分子。

1919 年秋，闻一多与同学杨廷宝、方来创办了美术社，请清华美术教师斯达尔担任导师。自从美术社成立后，闻一多除了日常习画之外，更加重视对美术理论的研究与探讨。闻一多所理解的美术是一个广义的概念，他认为世界的文明进步和美术的进步是成正比的，这种对于美术的重新诠释已经高于个人的兴趣，而是从社会和时代的角度去理解，从而拓展了美术的内涵。另外，闻一多还认同美术分为两种的观点，即具体美术和抽象美术，认为具体美术影响物质文明的发展，而抽象的美术影响的是精神文明的发展。这种划分成为闻一多后来反思社会的一个重要出发点。

"五四"锤炼

1919 年，五四运动的考验是闻一多思想转变的开端。

作为新民主主义开端的五四运动是中国人民反帝反封建的伟大壮举，社会思想也同时发生着深刻的转变。五四运动由北京学生界发动，对青年的影响尤为巨大，闻一多也加入到这场革命的洪流当中，在斗争中得到了前所未有的锻炼。

第一次世界大战结束以后，战胜国在法国召开巴黎和会。会上，中国代表提出废除外国在中国的特权和取消"二十一条"、收回日本大战时夺去的德国在山东的各种特权，遭到无理拒绝。消息传来，激起中国人民的强烈义愤。1919 年 5 月 4 日，北京大学等十几所学校的学生三千多人在天安门前集会游行。学生们怒火冲天，放火烧了主张在和约上签字的交通总长曹汝霖宅第赵家楼。北洋军阀政府出动大批军警镇压，逮捕了许多学生。

5月4日当天，清华学校因在郊外，校方又封锁消息，使其未能与城中取得联系。4日晚上，闻一多从进城返校的同学那里得知了白天的情况，对北洋政府卖国屈辱的罪行异常愤怒，连夜在大红纸上正楷抄录岳飞的《满江红》，粘贴在布告栏上，借岳飞之词，抒"从头收拾旧山河"的爱国豪情。清华园的学生们也积极参与到维护国家主权、营救被捕学生的运动中。对外，他们派出联络小组，与城中的学校在行动上保持一致；对内，他们印发传单，发表演讲，抵制日货，并在校内所有出版物上加印勿忘国耻的警示语。5日晚，所有学生在清华体育馆前面开会报告白天的情况，并提议建立学生代表团，代表团在7日正式成立，这是该校有史以来第一个自发组成的学生领导机构，闻一多被选入并担任中文书记，主要负责起草文件和组织宣传工作，罗隆基、潘光旦、吴泽霖、何浩若、黄钰生等也都当选为这个机构的成员，由于分工，闻一多主要在校内活动，但六三运动时的入城宣传却是一个例外。

六三运动是五四运动的重要转折点，此前，反对在巴黎和约上签字的主要是学生和下层人士。6月3日，北京学生上街游行演讲，扩大宣传，被军警拘捕一百七十余人，第二天又拘捕七百余人。消息传到上海，上海六七万工人首先举行罢工，唐山、长辛店、长沙、武汉、天津等地工人也相继投入战斗。这是中国工人阶级作为一个觉悟了的独立阶级力量，首次登上政治舞台，把五四反帝爱国运动推向了新的高潮。由于这次斗争是声援 6 月 3 日大批被捕学生，因此称为"六三运动"。

在这次运动中，闻一多带领一百六十多位同学进城演说宣传，出发时大家都带了干粮、水壶和洗漱用品，作好了坐牢的准备。他们沿途向市民展开宣传，慷慨激昂的讲演深深地激励和鼓舞听众的斗志。即使在沿途遭到反动军警的毒打和逮捕也毫无惧色，他们面对统治者的棍棒和镣铐，丝毫不退却，高喊着"严惩卖国贼！"继续前进。最后，全部同学果然遭到逮捕，不过因为被捕者人数太多，只在故宫太和殿前广场圈了一天，到傍晚就放了。

闻一多在高压状态下毅然前行，将其倔强的血气方刚展露无遗。他曾在给父母的信中说："男在此为国做事，非谓有男国即不亡，乃国家育养学生，岁糜巨万，一旦有事，学生尚不出力，更待谁人？今日无人做爱国之事，亦无人出爱国之言，相习成风，至不知爱国为何物，有人稍言爱国，必私相惊异，以为不落实与狂妄，岂不可悲"，"当知二十世纪少年当有二十世纪人之思想，即爱国思想也"。这些话，无不反映了闻一多热爱祖国、报效祖国的人格和情操。

六三运动后，爱国运动的中心转移到了上海，6 月 16 日全国学生联合会在上海成立，通过召集全国学生代表召开常务会议，讨论开展爱国运动的具体活动对策。清华学生对于全国学联大会非常重视，派出包括闻一多、罗发组、罗隆基、钱宗堡、陆梅僧等五人前往上海参加会议，这在当时的各个代表队中算得上是最强大的一支。闭幕式上，闻一多所尊敬的孙中山先生发表演说，给闻一多等五四运动的斗士们带来了鼓舞和深刻的印象。

12月，清华学生的第一个永久性自治组织——清华学生会应运而生。学生会成立后，首先对校刊《清华周刊》进行了改良，使之脱离了校方的管制，真正成了学生们的喉舌。有了这个舆论阵地，闻一多可以大展拳脚，对不合理的社会现象进行针砭了。此后，他发表了《恢复伦理的演讲》、《恢复和平》、《美国化的清华》等一系列振聋发聩的文章，给学生们很大鼓舞。

五四运动教育了闻一多，锻炼了闻一多，这场伟大的运动，使他第一次从实践中受到了"爱国的、民主的"深刻教育，使他懂得了"中国人应该如何团结起来救国"。闻一多长久埋藏在心底的火花同"反帝、反封建、要民主、要科学"的新思潮一同燃烧起来，正如他在《园内》这首诗中所写：

画角哀哀地叫了！

悲壮的画角在黑暗里狂吠，

好像激昂的更犬吠着盗贼；

锐利的角声在空中咬着，

咬破了黑暗底魔术，

咬破了少年底美梦，

少年们揎开美梦，跳起榻床，

少年们已和黑暗宣战了！

……

罢考抗议

★★★★★

（21—22 岁）

1920 年 3 月中旬，闻一多和同学潘光旦、吴泽霖、闻亦传建立了另一个社团，即上社，社团名称是闻一多想出来的，有自勉之意，又代表当时有六位成员。此外，也反映了这群青年力图标新立异、特立独行的抱负。社团的主要活动是交流读书报告和开展讨论，内容主要涉及历史、美学、文学、农业、娼妓、经济、哲学等。上社对校内的改良非常重视，他们曾经讨论过"如何补救清华学生底细行"，针对这一话题，闻一多在《清华周刊》上发表了他的第一篇白话文《旅客式的学生》，批评把学校当成旅店，等待出洋的做法，提出要改造社会就要从最切近的学校开始。

在清华园里，闻一多被公认为擅长写旧诗。当时，能写旧诗是中国知识分子具有文化素养的标志。五四运动以后，闻一多主张用白话文，写白话诗，开始关注新诗的发展。1920年9月24日，闻一多的第一首新诗《西岸》发表于《清华周刊》第191期，之后他对新诗的体裁改革做了大量的试验与尝试，为新诗的发展探索出路。闻一多对新诗的创作态度非常严肃，更强调诗的社会功能，指出诗人胸中的感触不可轻易放出，必须等到膨胀自己爆裂才可以，到非写不可的时候才能动笔。1921年11月20日"清华文学社"正式成立，这个日子也因此被记录在中国文学史的史册上，在这一年里，闻一多对新诗的理解又进一步深化。

1921年冬，辛酉级的学生进入了在清华学习的最后阶段，大部分课程都已基本结束。6月，正当辛酉级毕业生准备毕业，纷纷选择"放洋"专业的时候，闻一多接到了一个好消息，他被芝加哥美术学院美术专业录取，这也是酷爱西洋美术的闻一多一直以来的一个梦想。

然而，天有不测风云。正当他迎接毕业考试，准备"出洋"的时候，北京教师爆发了一场震惊全国的"索薪"斗争。由于军阀连年混战，工农业生产遭到破坏，国库空虚，再加之军阀官僚荒淫无度，极力榨取民脂民膏，不仅广大人民群众在饥饿线上挣扎，连国家公职人员的生活也难以保障。1921年上半年，当时北京国立大专院校的教职工，一连半年没有发薪水，教职工忍无可忍，便组织了由马叙伦和李大钊领导的"北京八校教职员索薪团"。6月3日，索薪团到总统府前向政府请愿，北洋军阀却大打出手以武力镇压，造成受伤者达一百多人，被称为"六三惨案"。

　　"六三惨案"震惊了北京和全国的教育界，北京市学生联合会宣布罢课声援这场斗争，清华的进步师生，坚决响应北京教育界的联合呼吁，积极投入了这场斗争。清华校方为了压制学生的正义行动，公然以"开除学籍"相威胁，作出了"学生遇事罢课，应勒令全体出校"的决定。闻一多所在的一九二一级和一九二二级同学，斗争最为坚决，此时的辛酉级面临着严峻的考验，大考在即，一旦错过最后的机会将意味着九年的清华学习付之一炬，而且更为严重的是绝大多数同学梦寐以求的留美之行将彻底告吹。然而，闻一多和他的同学们仍然坚持"利害不论，是非必争"，罢课到底。清华学校当局为了破坏学生罢课，使出了杀手锏：宣布大考按原定时间举行，凡不参加大考者一律取消学籍。面对人生这一重大关口的选择和考验，毕业班分化了，三分之二的同学顶不住压力走入考场，最后只有闻一多与罗隆基、何浩若、吴泽霖、沈有乾、沈宗濂、高镜莹、时昭涵、黄子卿、许复七、萨本栋等29名毕业生坚决没有让步。由于闻一多的态度"顽固"，以他为首的二十多个学生，被校方勒令开除，一时间激起了清华正义学生的公愤，也引起了北京各界的愤慨，遭到社会舆论的一致谴责。迫于压力，校方只好撤回了开除学

△ 1921年6月，清华学校辛酉级高等科毕业前合影，三排左二为闻一多。

生的决定，改为留级一年。

在正义与邪恶的斗争中，闻一多胜利了，他经受住了人生的严峻考验。最后，闻一多等 29 人在推迟一年之后一个不缺地得以登船赴美。虽然晚了一年"出洋"，但闻一多却坦然地认为，"出洋"的机会可以失去，但是对于正义的坚守却不能放弃。

⟶ 临别婚恋

★★★★★

（23 岁）

1922 年，闻一多留级期满，准备出洋留学。就在出国前夕，接到了父亲要求他寒假返乡去完婚的信，他极其苦恼。作为一个五四青年，一个激情满怀、热情浪漫的诗人，闻一多向往的是自由恋爱，憧憬的是那"最高、最真"的情感。对于"父母之命，媒妁之言"这种包办婚姻的封建习俗自然是抵制的，然而作为一个出了名的孝子，父母盼婚心切，闻一多还是做出了妥协，但坚持要求不祭祖、不行跪拜礼、不闹洞房，而且要求妻子入学读书。

1922年寒假，闻一多回到家乡，与高孝贞（后改名为高真）女士结婚。高孝贞是黄冈县潞口镇人，她母亲与闻一多的母亲是堂姐妹。祖辈在清朝时期曾在武昌做官，其父还当过盐务局长，辛亥革命后家道逐渐衰落。高孝贞小闻一多4岁，是家里唯一的女孩子，可以称是大家闺秀。高孝贞小时候随父母在城市长大，见多识广，大方得体。闻、高两家门当户对，从小就订下了这门娃娃亲。

娶亲那天，家里非常热闹，远近亲邻都来祝贺捧场，宾客盈门，忙得不可开交，只有闻一多一个人像局外人一样，抱着书出去了，家人好不容易找到他，当要他沐浴更衣时，却惊讶地问缘何更衣，弄得亲友哭笑不得。夕阳西下，花轿被抬进家门，唢呐齐鸣，鞭炮轰响，但是新郎官又不见了，这可急坏了大家，费了好长时间终于在书房中找到了他。

蜜月中闻一多完成了长篇《律诗底研究》。但他还是对封建婚俗耿耿于怀，但这段心情经历并没有影响日后夫妻二人的感情，他们婚后的感情很好，高孝贞成为他相伴终生的亲密爱人。

婚后不久，闻一多就离开了祖国。远在异乡的他在《红豆》诗中，倾吐了他先结婚后恋爱的真实感受。爱情的甜蜜，相思的苦楚，对封建观念的激愤，对人类博爱的向往等一系列复杂的感情涌上心头，汇成了诗篇《红豆之什》，深深地表达了对爱人的真挚思念。

红豆似的相思啊！

一粒粒的

坠进生命底磁坛里了……

听他跳激底音声，

这般凄楚！

这般清切！

相思着了火，

有泪雨洒着，

还烧得好一点；

最难禁的，

是突如其来，

赶不及哭的干相思。

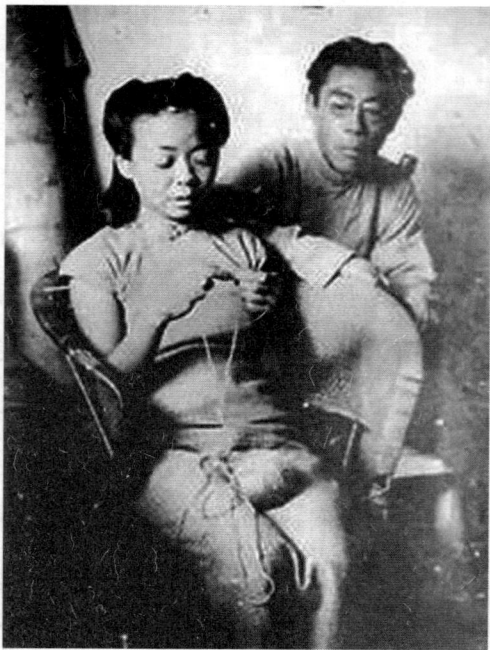

△ 闻一多与妻子高孝贞

留学美国

(1922-1924)

➜ 芝加哥求学

★ ★ ★ ★

（23 岁）

1922 年 7 月 16 日，闻 一 多 乘 坐 Key Stone State 号海轮，离开了上海，缓缓驶向太平洋。这是一条豪华客轮，闻一多把它比作"海上漂浮的六国饭店"。海上的生活对于闻一多而言并不愉快，一方面是晕船的痛苦，另一方面更主要的是思绪的纷乱和压抑。他在给朋友的信中曾经这样描述："我在这海上漂浮的六国饭店里笼着，物质的供奉奢华极了（这个公司底船比中国、南京等号底船价贵多了，因为它的设备更讲究），但是我的精力乃在莫大的压力之下。我初以为渡海的生涯定是很沉寂，幽雅，寥阔的"，但是，"城市生活不但是陆地的，水上也有城市生活。……这里竟连一个能与谈话的人都找不着。他们不但不能同你讲话，并且闹得你起坐不宁。走到这里是'麻雀'，走到那里又是'五百'；散步他拦着你的道路，静坐他扰乱你的思想。我的诗兴被他们戕害到几等于零"。

看惯了长江，大海在闻一多的想象中应该像郭沫若诗中的意境：无边的天海尽头有一只象牙船，穿着白孔雀羽衣的诗人遥遥地伫立于船头。然而，此时除了灯红酒绿，扑克麻将，身边连一个可以谈心的人都没有。枯燥的旅行令他感到无比的寂寞和失落。

20 日，船到达日本，停留三天，闻一多游览了横滨、东京、神户等地。美丽的岛国风光、奇特的民族服饰和别致的建筑、美术让闻一多耳目一新。他觉得"就自然美而论，日本的山和树真好极了。像我们清华园里那种伞形的松树，日本遍处都是。有这样一株树随便凑上一点什么东西——人也可以，车子也可以，房子也可以——就是一幅幽绝的图画。日本真是一个 Picturesque 的小国。虽然伊的规模很小——一切的东西都像小孩的玩具一般——但正要这样，才更像一幅图画呢。讲人为美，日本的装束，日本的建筑，日本的美术还要好些"。本来闻一多还计划着此后再重游此地，但这却是他此生唯一一次踏上这个国家。

8月1日，轮船终于到达了美国西海岸的西雅图，闻一多一行人要在这里进行例行的检查。离开西雅图，闻一多乘坐火车南下到达中转站旧金山，之后奔向美国中部的芝加哥。直到8月7日，闻一多终于到达了他此行的终点站——美国第二大城市芝加哥，来到他梦寐以求的艺术殿堂。

最初，芝加哥给闻一多的印象并不好，这里工业发达，到处是烟囱高耸、嘈杂混乱，一大片一大片的工业区弥漫着黑烟，几乎吞噬了整个城市，对比之前园林式的清华园，这里难寻一方静谧之地。而且种族歧视愈演愈烈，到处是白人骄傲的面孔，颐指气使的神情。这一切使得刚刚到达芝加哥的闻一多经常被乡愁压抑着，想到故乡的父母双亲、娇妻故友，常常暗自神伤，灰暗的情绪一直笼罩心头，忧伤压倒了所有异国情调，思念掩盖了所有新鲜际遇，他在给父母的家信中这样说："在国时不知思家之真滋味，出国始觉得也，而在美国为尤甚，因美国政府虽与我亲善，而彼之人民忤我特甚（彼称黄、黑、红种人为杂种人，蛮夷也，狗彘也）。呜呼！我堂堂华胄，有五千年之政教、礼俗、文学、美术，除不娴制造机械以为杀人掠财之用，我有何者多后于彼哉，而竟为彼所藐视、蹂躏，是可忍，孰不可忍！士大夫久居此邦而犹不知发奋为雄者，真木石也。"

芝加哥美术学院位于芝加哥最繁华的地段，离开学还有一个多月，闻一多却无心周游，整日在寓所看书做笔记。他是来学美术的，可将美术作为职业的想法好像并未成型，脑子里想的仍是文学。远渡重洋来到西方，心中充满对于祖国和家园的思念，寂寞之中，他称自己为"一个孤苦伶仃的东方老憨"。在这种心境下，闻一多创作了抒情小诗《孤雁》，诗中的情调消极、低沉，听起来像一只失群的孤雁发出阵阵哀鸣：

> 不幸的失群的孤客！
> 谁教你抛弃了旧侣，
> 拆散了阵字，
> 流落到这水国的绝塞，
> 拼着寸磔的愁肠，
> 泣诉那无边的酸楚？
> 啊！从那浮云的密幕里，
> 迸出这样的哀音，
> 这样的痛苦！
> 这样的热情！
> 孤寂的流落者！
> 不须叫喊得哟！
> 你那沉细的音波，
> 在这大海的惊雷里，
> 还不值得那涛头

溅破的一粒浮沤呢！

……

9 月 25 日，芝加哥美术学院开学了，闻一多开始正式学习西方绘画。清华几年的业余练习，给他打下了一定基础，天赋与勤奋使他进步很快。开学仅两周，闻一多就"成绩颇佳，吕蒙教员之奖许"，他告诉双亲大人"美国人于此道诚不足畏也"。两个月后向家中报喜："我上月成绩又进，七门功课已得六超等矣"，"洋竖子不足畏也"。到第一学期结束时，学校召开的展览会上已经有不少闻一多的作品。此后，他又报告父母"现在的分数是清一色的超了"。（按照美国的评分制度，"超"是最高的一等）

由于闻一多各门成绩优异，获得了学校的最优等名誉奖，按照当时芝加哥美术学院的规定，获得此项奖励的人可以被派到巴黎和罗马进行艺术考察，亲临观摩艺术名作，但闻一多最终并没有去成，他得到的解释是这个奖励只颁给美国人。遭遇此等歧视和屈辱，这让身处异乡的闻一多深感痛苦与气愤，思想与情感强烈迸发，不久，闻一多便创作了著名的爱国诗篇《太阳吟》：

太阳啊，火一样烧着的太阳！

烘干了小草尖头底露水，

可烘得干游子底冷泪盈眶？

太阳啊，自强不息的太阳！

大宇宙许就是你的家乡吧。

可能指示我我底家乡的方向?

太阳啊,也是我家乡底太阳!

此刻我回不了我往日的家乡,

便认你为家乡也还得失相偿。

太阳啊,慈光普照的太阳!

往后我看见你时,就当回家一次;

我的家乡不在地下乃在天上!

时光荏苒,转眼间到了重阳,闻一多和朋友相约去杰克逊公园,在别人的国度欣赏着别国的精致,这让闻一多的爱国思乡之情愈加强烈,于是写下了名篇《忆菊》,这是闻一多比较满意的一首作品,在这首诗中,他选择了能够概括中华民族独特文化,又能引起人们一系列美好联想的菊花,去抒发自己的爱国情操:

秋风啊!习习的秋风啊!

我要赞美我祖国的花!

我要赞美我如花的祖国!

请将我的字吹成一簇鲜花,

金底黄,玉底白,春酿底绿,秋山底

紫，……

然后又统统吹散，吹得落英缤纷，

弥漫了高天，铺遍了大地！

慢慢习惯了芝加哥的生活之后，闻一多开始发现这座城市的特色与魅力。他常去芝加哥美术馆，感受艺术带给他的心灵休憩。感受着西方藏品的豪迈壮阔，也感受着东方藏品的亲切如故，与艺术的沟通与交流成为闻一多生活的一部分。闲暇之余，闻一多经常去华盛顿公园，与公园外的工业区不同，这里是纯粹的自然，让烦躁的心得以平静。艺术与自然之美让闻一多感受到愉悦，而朴质的友情也使闻一多得到了久违的感动。

闻一多平时不善言谈，为人宽厚，久而久之得到了大家的好感。有一次，同班有一位叫卡普其的同学邀请闻一多到家中做客，当日卡普其的母亲准备了午饭招待

△ 1922年闻一多在芝加哥美术学院

闻一多，像待老友一样留他过夜，让身居异乡的闻一多第一次感受到了家的温暖。后来，闻一多遇到了终生的至交好友——芝加哥大学的法文副教授温特先生，温特是一个中国迷，经常和闻一多谈诗直至深夜，这种跨越东西文化的交流给闻一多带来了很多快乐，由此结下深厚的友谊。此后，闻一多又遇到了著名诗人桑德堡、门罗、海德夫人、罗艾尔和蒲西夫人等，与美国诗人的结交，促使闻一多广泛地了解其他诗人的作品，这些跨越文化与国界的友情不仅使他广泛汲取了西方诗歌的精华，更加深了他对诗歌创作的兴趣。

在芝加哥的一年，功课压力对于闻一多而言并不大，这使他有时间重新整理自己喜欢的诗集，闻一多付出了常人难以想象的努力，也创造了令人钦佩的成绩。

1922 年 10 月起，闻一多开始着手评论郭沫若的《女神》。《女神》是郭沫若的第一部诗集，也是中国新诗史上的奠基之作，出版于 1921 年 8 月。在这部新诗集中，充满了浪漫主义的激情和反帝反封建的爱国主义民主精神。它一问世，便受到文学界的重视，并成为闻一多写诗评的重要对象。

1922 年 11 月，闻一多与梁实秋合写的《〈冬夜〉〈草儿〉评论》出版了。由于公然向新诗发出挑战，受到胡适等人的反对。远在日本的郭沫若写信表示支持："……如在沉黑的夜里得见两颗明星，如在蒸热的炎天得饮两杯清水……在海外得读两君评论，如逃荒者得闻人足音之跫然。"

12 月 4 日，《〈女神〉之时代精神与地方色彩》一文，闻一多对郭沫若进行高度礼赞，认为郭沫若的诗开创了中国新诗的新纪元，书中称："若讲新诗，郭沫若君的诗才配称新呢，不独艺术上他的作品与旧诗词相去最远，最要紧的是他的精神完全是时代的精神——二十世纪底时代的精神。有人讲文艺作品是时代底产儿，《女神》真不愧为时代底一个肖子。"这不仅是对《女神》的评价，也是闻一多本人对待新诗艺术的思想要求。

时间到了寒假，想起去年这个时候正是他和妻子成婚之时，往事历历在目。难以言说的伤痛使得诗人陷入狂热之中，闻一多放下手头的事务，连续五个昼夜完成了一组爱情诗《红豆》，后将其中的 42 首编成"红豆之什"，描述了自己的心路历程和对家人的相思之苦。

不久，在遥远的浠水老家，闻一多的第一个女儿立瑛出世了。由于闻一多的父亲受到传统封建观念的影响，在家信中透露出了重男轻女的思想，闻一多得知后非常生气，并表示一定要给女儿良好的教育。

1923 年 3 月，经过两个月的辛苦创作，长达 314 行的长诗《园内》问世。1923年9月，闻一多的第一本诗集《红烛》完成，在郭沫若的协助下由上海泰东书店出版。这本诗集的出版奠定了闻一多在中国新诗发展史上的初步地位。《红烛》除序诗外共有诗103首，选编了他从五四运动到留美初期的一部分作品，分作序诗、李白篇、雨夜篇、青春篇、孤雁篇、红豆篇，其中有好多首是在美国作的爱国思乡的诗篇，还有一组倾诉相思情怀的浪漫小诗。《红烛》里自述了诗人对理想的追寻，不仅有对祖国的热爱、对爱情的忠贞誓言，还有

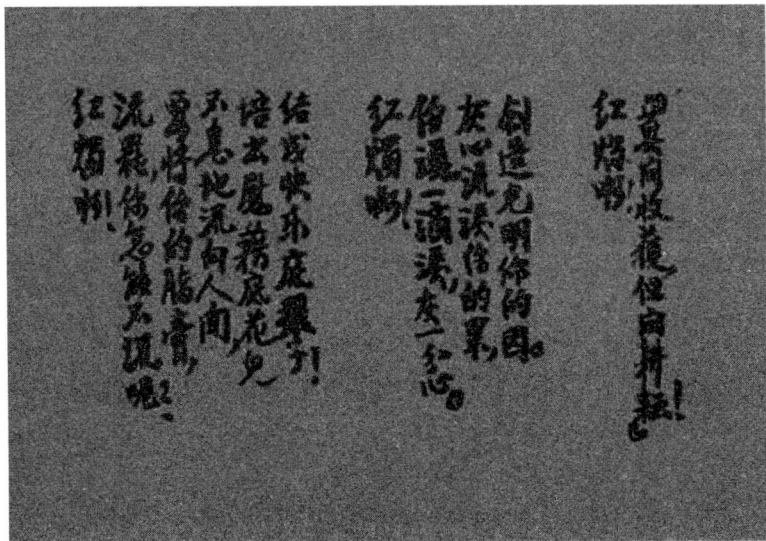

△ 闻一多的《红烛》（手迹局部）

对未来充满乐观的信念，而在序诗中，更显然洋溢着反抗、斗争和献身的情操。这些诗颇具想象力和情感，既有中国古诗的遗风，又有现代新诗的特点，《红烛》的问世，使我国 20 年代的诗坛上出现了一颗璀璨的晨星。

→ 在珂泉与纽约

（24—25 岁）

1923 年，闻一多在清华的好友梁实秋抵达了设在美国珂泉的科罗拉多大学，闻一多得知此消息后立刻收拾行囊赶赴珂泉与梁实秋见面，他实在是太想与可以交流的朋友一起学习了，于是他毫不犹豫地转入科罗拉多大学的艺术系继续深造。

在风景如画的珂泉，闻一多开始钻研油画。闻一多对绘画也和他读书一样专心和投入，不动笔则已，一动笔则全神贯注，废寝忘食，直到完成为止。艺术系的老师是两位六十多岁的未婚姐妹，她们对闻一多非常赏识，认为他是她们从未有过的最有希望的学生之一。对他的学习和习作都非常满意，常常给予很高的评价。梁实秋回忆说："一多头发养得很长，披散在颈后，黑领结，那一件画室披衣，东一块红，西一块绿，水渍油痕，到处皆是，揩鼻涕，抹桌子，擦手，御雨，全是它。一个十足的画家！"闻一多除了学习美术之外，还与梁实秋一起选修了现代英美诗等文学课，事实证明，丰富这方面的知识对于他后来创作新诗和讲授中国文学都有很大的帮助。

与友人相见共同学习使闻一多的精神调整了许多，思乡心切时常常在住处自己煮茶，有时会煮上两枚鸡蛋，一日兴致高涨竟然煮起了水饺，一不留神弄翻了火炉遭到了管理员的严厉批评，端上一碗刚煮好的水饺，管理员乐滋滋地笑纳了，生活在这里开始变得丰富起来。

1924 年夏，闻一多从科罗拉多大学毕业，因为拒绝补习自己不喜欢的课程而只拿到了毕业证，没有取得学士学位。毕业后，梁实秋将去哈佛大学研究院攻读硕士学位,闻一多决定去纽约艺术学院。9月,闻一多来到美国最大的城市纽约, 转入纽约艺术学院学习。纽约和珂泉完全不同, 这里的中国留学生多且集中, 可以经常举行各种活动。闻一多住在江滨大道的国际学会,这里是刚刚落成的十几层大楼,住在这儿的大部分都是各国的留学生,所以人称"万园公寓"。到纽约来本是为了继续学画,可闻一多却在这里结识了一些学习戏剧和舞美的同学,激发了他对于戏剧的敏感与热爱,过从最密的是张禹九、赵太侔、熊佛西、余上沅四人,他在纽约的生活也很快变得绚丽多彩起来。

入学后不久,闻一多便和几位友人排演了洪深编的《牛郎织女》和余上沅的英文剧本《杨贵妃》。在排演过程中,闻一多的才能得到充分展现。不仅所有的舞台布景和服装都由他负责,三十多件的古装手绘也都由他一人完成。

12月, 英文版的《杨贵妃》在纽约演出大获成功。纯正的古装与舞台布景, 消除语言障碍的英文唱词, 原汁原味的中国元素, 使整个演出成为一场视觉盛宴, 不仅赢得了华侨的认可, 还得到当地人们的欢迎, 当地报刊对此纷纷进行了报道。

英文版古装剧成功演出的消息很快传到了波士顿,那里的中国留学生也跃跃欲试,排演了英文版的《琵琶记》。两地同时演出, 霎时间掀起了一股国剧热, 他们的这种努力成为日后新型话剧的雏形。闻一多将大部分时间都奉献给新剧的创作和排演,这份动力源自他对祖国深沉的爱和对民族前途的担忧。据闻一多的好友回忆，当时闻一多说过："诗人主要的天赋是'爱'，爱他的祖国，爱他的人民。"出于这种热爱，闻一多将绘画的线条换作文字，换作语言，开始全身心地投入到国剧创作中。

1925年1月，闻一多和朋友们发起了"中华戏剧改进会"，梁实秋、梁思成、林徽因、顾毓

△ 林徽因与丈夫梁思成

瑛等人纷纷加入，大家都立志为戏剧的发展贡献力量。他们相约这年夏天要一同回国，要发起"国剧运动"，要筹办"北京艺术剧院"。他们在纽约调查一切与剧演有关的行业，甚至还写信给胡适邀请他加入戏剧改进会。

按照清华的规定，留学人员可以在美国学习五年，但急于回国展开文学研究和戏剧事业的闻一多，已经对这个众人向往的金元国度毫无留恋。抱着对振兴国剧的憧憬，他和赵太侔、余上沅终于决定5月4口离开纽约，起程回国。临行之前，他曾带着些微的幽默、苦涩和乐观给梁实秋抄录了他作的四句旧诗，主要表达了他此时坚守中国传统文化的理想：

　　　六载观摩傍九夷，吟成躝舌总猜疑。

　　　唐贤读破三千纸，勒马回缰作旧诗。

归国之初

(1925—1927)

→ 爱国诗的发表

☆☆☆☆☆

（26岁）

1925年，闻一多提前结束了三年的留学生活，经过半个月的航行煎熬，5月30日，终于回到了朝思暮想的祖国。当轮船缓缓驶进吴淞口，看着岸上黄皮肤黑头发的中国人时，闻一多的眼睛湿润了，他立刻把身上那套洋装脱下来，卷成一团，扔进了沸腾的江水中，像是扔尽了三年来在异国他乡所受的白眼和屈辱。闻一多带着满腔爱国热情回来了，然而，迎接他的不是宽敞的希望之路，而是祖国大地的满目疮痍。就在前不久，这里刚刚爆发了五卅惨案，到处是鲜血与哭号。面对此情此景，闻一多决定以笔作为武器，配合人民的反帝爱国运动。

闻一多回到家乡和久别的妻子女儿小聚

后便决意北上，来到祖国的政治文化中心——北京。在北京，闻一多结识了《现代评论》的编辑杨振声，他是北京大学新潮社的发起人之一，由于共同的文艺爱好，闻一多回国后最初的几首诗，就发表在《现代评论》上。《醒呀！》是闻一多回国后发表的第一首诗，也是他回国后反抗帝国主义的第一声呼喊。

闻一多回想起在美国的几年里，独居异域他邦，他既目睹了资本主义的文明，也看到了列强对祖国人民的欺辱。1925年春，在国内革命浪潮影响和爱国心的驱使下，闻一多创作了一组现代诗——《七子之歌》。刊登在1925年7月4日出版的《现代评论》第二卷第三十期上。闻一多在《七子之歌》小引中指出："吾国自《尼布楚条约》迄旅大之租让，先后丧失之土地，失养于祖国，受虐于异类。"诗中闻一多将被列强瓜分强占的澳门、香港、威海卫、广州湾、九龙、旅顺和大连比作祖国的七个儿子，哭喊着要回到祖国的怀抱，血脉相通、魂牵梦绕的母子相望难相认，诗中哭诉了列强的专横和游子归国的愿望，字字动容，语语惊心。此时正值中国人民反帝反封建斗争的高潮，因此《七子之歌》一问世就引起强烈共鸣，喊出了人们的心声，无数国人为之落泪：

澳　门

你可知"妈港"不是我的真名姓？

我离开你的襁褓太久了，母亲！

但是他们掳去的是我的肉体，

你依然保管着我内心的灵魂。

三百年来梦寐不忘的生母啊！

请叫儿的乳名，叫我一声"澳门"！

母亲！我要回来，母亲！

△ 闻一多和他的《七子之歌》

香　港

我好比凤阁阶前守夜的黄豹，

母亲呀，我身份虽微，地位险要。

如今狰恶的海狮扑在我身上，

啖着我的骨肉，咽着我的脂膏；

母亲呀，我哭泣号啕，呼你不应。

母亲呀，快让我躲入你的怀抱！

母亲！我要回来，母亲！

台　湾

我们是东海捧出的珍珠一串，

琉球是我的群弟我就是台湾。

我胸中还氤氲着郑氏的英魂，

精忠的赤血点染了我的家传。

母亲，酷炎的夏日要晒死我了；

赐我个号令，我还能背城一战。

母亲！我要回来，母亲！

……

7月，闻一多又发表了《洗衣歌》、《爱国的心》和《我是中国人》，这是对中华民族、对华夏文化的爱的颂歌，是中华儿女自信的宣言。《我是中国人》这样写道：

伟大的民族！伟大的民族！

我是东方文化的鼻祖；

我的生命是世界的生命，

我是中国人！我是支那人！

……

我没有睡着！

我没有睡着！

我心中的灵火还在燃烧；

我的火焰他越烧越燃，

我为我的祖国烧得发颤。

……

诗人的勇气，诗人的民族自信心，今天读来，仍然令人感动。血与泪的凝聚化作坚强的力量抵抗外侮，唤醒民智，留学归国的闻一多就这样呼喊着重新走上诗坛。

→ 国剧与新诗

（27岁）

　　1925年7月，闻一多和一起留学回国的余上沅、赵太侔认真草拟了《北京艺术学院大纲》，这份详细的大纲体现了他们进行国剧运动的愿望，并在《晨报》副刊中发表，但是梦想成真的最大障碍便是资金的缺乏。举步维艰之时，尚在美国的张禹九介绍闻一多加入了新月社，结识了徐志摩。9月初，徐志摩又介绍闻一多进入了正在筹备恢复之中的北京美术专门学校，并任教务长之职，在这儿，他和余上沅、赵太侔又重新聚到了一起，这使大家都很兴奋。

　　北京美专本来只开设中国画、西洋画和图案三个系，但是由于闻一多和余上沅的积极争取和多方游说，最后终于增设了戏剧系和音乐系，这是闻一多他们的"国剧运动"由理论转向实践的一小步，然而对于中国现代戏剧事业而言，却实在是一大步。日后洪深在《中国新文学大系·戏剧集》的导言中评价这次成功，说："这是我国视为卑鄙不堪之戏剧，与国家教育机关发生关系的第一朝。"这同时也是我国开办的第一个正规的艺术教育单位。

申办成功后，闻一多即刻投身于紧张的筹建工作中，他的活动日程被北京各大报纸纷纷报道，一时间忙得不可开交，又是忙前期筹建，又是忙宣传招生，几番努力之后，1925年11月1日，艺专终于如期开学，闻一多也初次登上讲台，讲授美术史等课程。据后来田汉的妻子、闻一多当时的学生安娥回忆：

那天上美术史课的时候，一位年轻的教授穿着长褂子，挟着几本书来了。他一声没有响，坐下来就讲他的书。似乎不是所想象的唯美诗人闻一多，他健康、浓眉、密发，锐亮的眼睛，高鼻子，微黑带赤的面色，讲书的时候，不管学生，声音低而沉静。

回国后的闻一多，再没有穿过洋装，终此一生都是中国传统的长褂和布鞋。然而，开学后不久，风云突变。12月31日，段祺瑞改组国务院，教育部长换人，章士钊被调走，换成易培基，人事的更迭使专门司的刘百昭也受到牵连，被迫辞职，校内外陷入一片混乱。1926年1月，教育部拟派尚未回国的林风眠为艺专校长，闻一多等人向来主张教育界独立，反对政界干扰。因此，他到教育部询问，竟被传言说想当校长，让视富贵如浮云的闻一多十分懊恼，并决心辞去教务长一职，于是已经开始运转的国剧重振计划又一次被搁浅了。

1926 年，经受了国剧运动失败的闻一多再次转向了新诗创作。

年初，闻一多迁居北平西京街道 34 号，这是一处古老陈旧的四合院，闻一多租住了三间北房，左右两边是卧室和书房，中间是堂屋，他将妻子和女儿立瑛也从老家接了过来，并精心装修了屋子。他用无光的黑色将书斋和客厅的墙壁都贴了起来，还镶了一圈狭长的金边，并亲手绘制了汉代浮雕一类的车马，黑黄相间的格调使房间显得格外神秘和辽远。这个别致的小屋很快就成了诗人们的安乐窝，他们一起讨论作品、朗诵诗作。当时的新诗发展正遭遇瓶颈，而包括闻一多在内的这些受到西方文学影响的青年诗人们开辟了一种新的诗风，逐渐形成一种"讲究修辞，对字句的推敲很下工夫，用韵尤其严格"的风格，后来文坛上把闻一多这批人称为"格律派"。大家在一起研究久了，便讨论着自己创办一个诗刊。

于是，1926 年 4 月 1 日，一个专门研究新诗并发表新诗的周刊便诞生了，这便是《晨报·诗镌》，这是继四年前朱自清、刘延陵、叶绍钧等编辑《诗刊》以来，在近代中国诗坛诞生的第二个专门园地。《诗镌》的刊头，是闻一多设计的一匹双翼飞马，翅膀展开，正要腾空而起，后蹄登在初升的圆月上，里面写着"诗镌"两个字，象征着一种奋起向上的精神，显示出了诗刊开辟新天地的抱负。正如闻一多曾经说过的："余预料诗刊之刊行已为新诗辟一第二纪元，其重要当与《新青年》、《新潮》并视。"

刊物由大家轮流编辑，刊登新诗，多带有尝试目的，先后一共刊出十一期，不足三个月时间，但是对新诗的发展却起到了重要的推动作用。闻一多本人亲自参与实践创作，为新诗题材的创新提出了不少可行的对策，他本人也成为了刊物的中坚力量，在不断推出新诗的同时，他还致力于对新诗理论和艺术手法的研究，当时的代表性作品《诗的格律》刊登在《晨报·诗镌》的第七号上，闻一多在文中亮出了自己鲜明的态度，指出诗人应当戴着脚镣跳舞，这脚镣便是格律。"只有不会作诗的才感觉得格律的缚束，对于不会作诗的，格律是表现的障碍物，对于一个作家，格律便成了表现的利器"。

在新诗形式上，闻一多既善于吸收西方诗歌音节体式的长处，又注意保留中国古典诗歌格律的传统，提出了一套创造新格律诗的理论，主张新诗应具有"音乐美"、"绘画美"、"建筑美"。这个观点对未来新诗的发展产生了重大影响，而当时被称作脚镣的节奏、章法、句法后来却成为诗歌鉴赏的基础标准。闻一多所倡导的新格律诗理论和独树一帜的诗歌创作影响了为数众多的诗人，并形成了以他为代表的新格律诗派，在新诗发展史上写下了重要的一页。

闻一多的著名作品《死水》便是当时探讨格律诗的试验，诗中九字一行，四行一段，全诗五段，首尾呼应，而且平仄、韵脚都非常标准，成为后来青年模仿的范本，全诗以爱国主义为主线，通篇采用比喻的手法，把强烈的爱国热情、对现实的愤怒以及对军阀混战下残破的祖国现状的失望和悲哀，凝聚于笔下，倾注在深沉而愤激的诗篇中，是我国诗坛上不可多得的佳作。

6月中旬，《晨报·诗镌》出完了最后一号。国内时局发生了变化，冯玉祥的军队退出北京，奉系军阀控制了局势，北京文人很少有言论自由，轰动一时的《晨报·诗镌》也就从此结束了。《诗镌》的生命虽然短暂，但影响却极其深远，在现代文学史上留下了不可磨灭的印记。

→ 生活磨难

（28岁）

平静的日子不长，很快国内形势又发生变化。1926年7月，国民革命军开始北伐，奉系军阀占领全城，《京报》主笔邵飘萍被枪杀，文艺工作者纷纷逃离北京到江南避难。在混乱的时局中，闻一多带领妻子和小女立瑛回到了家乡浠水，心中不免感慨世态炎凉。然而，闻一多没有想到还有一个更加寒冷的冬天在等着他。

9月初，闻一多只身到上海求职，通过朋友潘光旦的介绍，他进入上海吴淞的国立政治大学，受聘为教授，后来又担任了训导长的职务。潘光旦后来是我国著名的社会学家，他和闻一多是清华的同学，本来同属于辛酉级，因为中间腿伤休学一年，因此比闻一多晚了一级，被称为"半级友"。

　　闻一多的工作刚刚有了着落，老家浠水就传来了小女立瑛病重的消息，4岁的孩子常常眼含泪水盼望父亲归来，刚接手工作的闻一多百般焦急却无法赶回探望，直到当年的冬天，立瑛被病魔夺去了幼小的生命，离开了深爱她的父母亲人，离开了仅仅生活了四年的世界。闻一多接到消息后火速赶回浠水，突来的噩耗使他受到了致命的打击，一路上客轮逆水缓行风雨交作，压抑使他几近窒息。登陆后他飞奔着去寻找幼女立瑛的墓地，妻子高孝贞因为丧女的伤痛已经久卧床榻，立瑛的衣物玩具依旧摆在屋内，闻一多睹物神伤，两行热泪滚滚落下。当年幼女出生时自己在大洋彼岸无法赶回，如今幼女逝去自己也没能陪她走过最后一程，深深的自责与伤痛给了他巨大的打击。他摘下早已模糊的眼镜，将立瑛的衣物仔细地包好、收藏，悲痛中他写下了悼念爱女的诗《忘掉她》，诉说了对女儿的无限怜爱：

忘掉她，像一朵忘掉的花，
那朝霞在花瓣上，
那花心的一缕香。
忘掉她，像一朵忘掉的花！

忘掉她，像一朵忘掉的花，
像春风里一出梦，

像梦里的一声钟，

忘掉她，像一朵忘掉的花！

……

这首诗七段十四次重复要忘掉她，一字一句刻入心头，哀痛与失落久久萦绕心头难以散去……

在封建家庭重男轻女的状况之下，闻一多作诗既是对幼女的钟爱有加，苦痛不舍，又是对封建思想下女子为轻的反驳，因为是女孩，在孩子出生很久后他才在家信的一个角落里得知；因为是女孩，才在重病之下没有好的治疗；因为是女孩，诗人更加心痛。这次打击给闻一多留下更多的是对封建观念的痛斥。

1927 年，武汉的形式鼓舞人心，中国人民靠自己的力量收回了汉口、九江等英租界。见此情形，闻一多不打算回政治大学去了，他应国民革命军主任邓演达之邀加入了国民革命军总政治部，任艺术股股长兼英文秘书，他的艺术才能开始为国民革命发挥作用。

当武汉国民政府准备第二次北伐时，闻一多从武汉回到上海。而此时，吴淞国立政治大学因带有国家主义性质，已被下令查封，闻一多再一次失业了，只能栖身在潘光旦处。

4 月 12 日，蒋介石发动了四·一二反革命政变。丧女之痛加上政治生活的动荡使闻一多的精神极度紧张，唯有诗歌可以让他肆意舒展胸怀，一首首饱含辛酸的诗篇载不动诗人的惆怅。5 月 9 日，闻一多在《时事新报》上发表了《我要回海上去》和《心跳》，鲜明地表达了对世界的痛恨和对军阀混战的憎恶。在《心跳》中他这样写道：

……

如果只是为了一杯酒，一本诗，

静夜里钟摆摇来的一片闲适，

就听不见了你们四邻的呻吟，

看不见寡妇孤儿抖颤的身影，

战壕里的痉挛，疯人咬着病榻，

和各种惨剧在生活的磨子下。

幸福！我如今不能受你的私贿，

我的世界不在这尺方的墙内。

听！又是一阵炮声，死神在咆哮。

静夜！你如何能禁止我的心跳？

此时的国家，到处是兵连祸结，哀鸿遍野。翻天覆地的政治风云让闻一多体会到政治与诗的不同，他把政治第一次划到屠杀、污浊、黑暗中来。接着，他发表了《荒村》《发现》《贡献》《罪过》《收回》等诗歌，构成了闻一多爱国诗的一个新阶段。他的诗已经从表达爱国思乡、反帝反侵略走向对现实的怨恨和对摆脱苦闷的追求。

此后，闻一多的身体每况愈下，看到他日益憔悴的形态，友人潘光旦说服他来到杭州休整。

一日，潘光旦拿出在西湖边上买到的寿山石，请闻一多帮自己刻一个藏书章，这次短暂的操刀竟然成为闻一多日后治印为生的缘起。

7月1日，上海华龙路，一家名为"新月"的书店正式开张。胡适是董事长，经理兼编辑主任是余上沅，闻一多、徐志摩、梁实秋、潘光旦等11人为董事。他们筹集了2000元的股本，为了节制资本，每人只能认购一股。大股100元，小股50元，闻一多认了一大股。他还为书店开幕纪念册绘制了封面：一个女子骑在新月上看书，虽然只是弯弯的几笔线条，却是诗趣横生。闻一多在书店的工作不多，主要是为出版物设计一些封面和装帧，徐志摩的《巴黎的鳞爪》、梁实秋的《浪漫的与古典的》、《骂人的艺术》、《文学的纪律》等作品的封面都是由闻一多设计的，他的第二本诗集《死水》也是由新月书店出版的。

新月书店还发行过一本《新月月刊》，这是当时很有影响的一本杂志，创刊号上编辑署名三人：徐志摩、闻一多和饶孟侃，但此时闻一多已经去了南京。起初，闻一多想把《新月月刊》变成一种文艺刊物，发表了《答辩》《回来》等文艺诗作和《杜甫》、《庄子》、《先拉飞主义》等论文和传记。后来由罗隆基接管以后，该刊由文学初衷转向了政治。

转向学术

(1928—1937)

→ 《死水》出版

（29 岁）

1927 年到 1937 年，闻一多先后在南京第四中山大学（后改为中央大学）、武汉大学、青岛大学、清华大学教书。在他的生命史上，开始了一个重要的转变，闻一多从此由诗人变成了学者。他埋头苦干，废寝忘食，以全部精力投身于教学和研究之中，并取得了显著的成绩。

1927 年 8 月，闻一多在新月书店投入 100 股后，便离开上海来到南京。本来到南京是要投奔友人参加土地局的工作，未料土地局人事关系复杂，实在难以投身其中，于是只得另觅他处。闻一多转向了南京的著名大学——东南大学，当时文学院的院长是诗人宗白华，闻一多并不认识，但为谋职，他硬着头皮前去拜访，宗白华当即答应邀请闻一多任外国文学系主任，当时恰逢高校合组，南京的学校被划作第四中山大学，学校对教师资历的审查非常严格，并规定只聘副教授，正教授只有在世界学术范围内有声望的学者才能受聘，闻一多成为第一批受聘的副教授。当时的外文系规模很大，除了设有拉丁、英、法、德、意等语言教学之外还设有梵、藏、蒙、回、日等语言门类，在这样庞杂的教育体系下，教学任务非常繁重，闻一多感到了巨大的压力。

教书的日子平静而安稳，虽然只有短短的一年，但闻一多却发现和培养了几位优秀的青年学生，成为他最大的收益。

△ 闻一多的诗集《死水》

陈梦家是闻一多的学生中第一个佼佼者。他在听了闻一多所讲的英美诗课程后，来到闻一多的住处求教，闻一多见他颇有才气，勤学聪颖，便向《新月月刊》推荐了他的习作，促进了他的成长。陈梦家后来凭借《梦家诗集》和《新月诗选》

获得诗人桂冠。第二个得意弟子是方玮德，他不像陈梦家一样登门拜访，而是暗自模仿练习闻一多写诗和评诗的技法，成为新月派诗人的后起之秀。遗憾的是方玮德后来得了肺病英年早逝，闻一多得知后悲痛莫名，专门写了一篇《悼玮德》，称他"有中国本位文化的风度"，这在"大家正为着摹仿某国或某派的作风而忙得不可开交"的时候，尤为可贵。闻一多另外一个才华出众的学生是费鉴照，他向闻一多请教诗歌写作和新诗评论，并自己亲手练习与实践，在闻一多的指导下他评论了很多英美诗人。

1928年1月，闻一多的第二本诗集《死水》由新月书店出版，诗集的装帧是由闻一多亲自设计的，封面封底都是无光的黑纸，封面的右上方是一个长方形的金色框，里面横排着"死水"两个铅字，框外下方是作者姓名。金黄与黑色相互映衬，这是闻一多喜欢的色调，让我们想起《诗镌》时期他那别具一格的书房。

《死水》收录了《红烛》之后所做的28首诗，从《口供》到《春光》、《心跳》、《发现》，到《天安门》、《飞毛腿》、《洗衣歌》，我们看到了一个爱国诗人的心路历程。这部诗集比起第一部的《红烛》来成熟了许多，爱国激情也由喷发转向了积蓄，无论从形式上还是内容上都表明诗人已跨入了成年时代。虽然当时的闻一多还未满三十，但已经是知名的教授，心情也近乎中年，懂得了较多的忧患。在《死水》中闻一多创作了很多首格律谨严的诗，在艺术上显示出他深厚的造诣。同时在内容上，我们也看到了诗人的抑郁与苦闷、彷徨与失望；对祖国和人民命运的呼号与倾诉。他在《死水》中写道：

这是一沟绝望的死水，
清风吹不起半点漪沦。
不如多扔些破铜烂铁，
爽性泼你的剩菜残羹。

也许铜的要绿成翡翠，
铁罐上绣出几瓣桃花。
再让油腻织一层罗绮，
霉菌给他蒸出云霞。

让死水酵成一沟绿酒，
飘满了珍珠似的白沫；
小珠们笑声变成大珠，
又被偷酒的花蚊咬破。

那么一沟绝望的死水，
也就夸得上几分鲜明。
如果青蛙耐不住寂寞，
又算死水叫出了歌声。

这是一沟绝望的死水，

这里断不是美的所在，

不如让给丑恶来开垦，

看他造出个什么世界。

这首与诗集同名的诗最能代表诗集的诗风特色和诗人的创作理想，《死水》格律整齐，语言精炼，易读且富有音乐气息，完全诠释了闻一多所构建的"三美"理论。闻一多用"死水"象征黑暗畸形的旧社会，传达了炽烈的爱国热情。后来沈从文曾在《新月》中发表《论闻一多的〈死水〉》，高度评价了《死水》给当时诗坛所带来的深远影响。他在文中说道："在体裁方面，在文字方面，《死水》的影响，不是读者，当是作者。由于《死水》风格所暗示，现代国内作者向那风格努力的，已经很多了。在将来，某一时节，……则《死水》当成为一本更不能使人忘记的诗！"

1928 年春，第四中山大学改名为中央大学，学校规模逐渐壮大，南京也成为政治中心。闻一多有意在这里稳定发展，就从老家接来了父母和妻儿，并租了住处，家里又添了立燕和立鹤一双儿女，于是家中又恢复了欢乐。

→ 武汉执教

（30 岁）

全家在南京刚刚团聚，家乡就有人请他去武汉大学任教。正在筹建中的武汉大学校长是湖北省教育厅厅长刘树杞。刘树杞下决心要聚拢一批优秀的教员，于是亲自到南京来请闻一多，极力劝说闻一多为家乡的教育献力，闻一多最后被打动，决心前往，于是1928 年 8 月，闻一多只身回到武昌。

在武汉大学，闻一多任文学院院长。刚到学校，顾不得休整就投入到了紧锣密鼓的筹备工作中。评阅新生考卷，出席第一次临时校务会议以及一件件琐碎而繁重的事务都压在他的肩上，以至于次子立雕出生时都无法赶回南京探望。

后来，由于武汉大学扩建的需要，在武

昌东门的落驾山开辟了一片新校址。闻一多为新址取名"珞珈山"，颇具诗意，此名一直沿用至今。那段日子，闻一多还为武汉大学设计了校徽，直到今天，武汉大学的一些印章徽记上，我们依旧能够看到闻一多当年的设计。

担任文学院院长期间，闻一多还对课程设置作出改造，并尽可能创造宽松自由的学术氛围。当时中文系有一名讲师叫朱东润，他对文学批评史很感兴趣，闻一多积极地鼓励他发挥所长，请他讲"中国文学批评史"，并给他充足的时间备课，后来朱东润成为著名的文学批评家。针对文学院桐城派势力过重的情况，闻一多极力引进欧美留学生，方重就是他聘请的外文系教授之一。此后，他还推荐朱湘为文学院教授。

10月31日，武汉大学正式开学。闻一多讲授"西洋美术史"和"英美现代诗"两门课。从此，他便投身于古典文学的研究之中。而后，武汉大学出版的《文哲季刊》第一卷第一期刊出了他的《少陵先生年谱会笺》第一部分，这也是闻一多唐诗研究的最早成绩。1929年11月，闻一多在《新月》上发表了《庄子》，在这篇论文中，他用自己诗人和学者的气质去感悟两千年前站在中国文化源头的一位伟大的文学家、诗人、思想家的灵魂，深刻剖析了庄子的思想并高度赞扬了他的文辞。

正当闻一多醉心于自己的学术研究时，他没有注意到外面的世界已经悄悄地发生了变化。1930年春，《文哲季刊》收到一篇新聘来的教授刘华瑞的文章《江汉文化》。然而，文中讲的都是太极之道，并未谈到古今文化。性格直率的闻一多因此不赞成发表，引起了刘华瑞的不满，并一直耿耿于怀。恰在此时，中文系的一名讲师谭戒甫不知为何得罪了学生，于是有人反对研究"墨子"的他讲授"庄子"，闻一多得知后劝说学生不应该这样对待老师，刘华瑞趁机暗中怂恿挑拨学生攻击闻一多。学校内部不少人早已觊觎文学院院长之位，见此情况非但不出来制止，反而在一旁暗自心喜。闻一多甚是气愤，写下辞职书。校长王世杰得知后加以挽留，并表示调查清楚后对此事进行查处，然而生性耿直的闻一多对于人事关系复杂的武汉大学失望至极，于暑假前便离开了这里。

1930 年 6 月，闻一多又一次来到上海谋职，在这儿，他见到了正在吴淞中国公学和暨南大学兼课的梁实秋，又很快遇到了已是清华大学文学院院长的朋友杨振声。杨振声此时正受南京政府教育部的指派，负责筹建国立青岛大学。他此番来到上海正是为招揽教员，巧遇闻一多，便力邀他去青岛大学主持中文系的工作，又请梁实秋去主持外文系和图书馆。在老友的劝说之下，闻一多和梁实秋双双来到青岛。

→ 青岛生活

1930年夏，闻一多与梁实秋来到青岛，这里风景瑰丽，人杰地灵，氛围良好，闻一多很喜欢青岛的生活，这一时期他的研究也非常顺利。

10月21日，青岛大学开学，闻一多担任"中国文学史"、"唐诗"、"名著选读"和外文系的"英诗入门"几门课程，因为之前的几年从教经验使他这次授课更加驾轻就熟。为了给学生做示范，他还写了唯一的一篇写景散文《青岛》。其中描写道："当春天，街市上和山野间密集的树叶，遮蔽着岛上所有的住屋，向着大海碧绿的波浪，岛上起伏的青梢也是一片海浪，浪下有似海底下神人所住的仙宫。……堤岸上种植无数株梧桐，那儿可以坐憩，在晚上凭栏望见海湾里千万只帆船的桅杆，远近一盏盏明灭的红绿灯漂在浮标上，那是海上的星辰。沿海岸处有许多伸长的山脚，黄昏时潮水一卷一卷来，在沙滩上飞转，溅起白浪花，又退回去，不厌倦的呼啸。天空中海鸥逐向渔舟飞，有时间在海水中的大岩石上，听那巨浪撞击着岩石激起一两丈高的水花……"

在一个树荫覆盖的山坡上，有一幢二层小楼，红墙黄瓦，名为八号楼，闻一多当时就住在楼上。从这里凭栏眺望，可以看到波光粼粼的大海，嗅到海风的气息。这段在青岛的生活，惬意中带有诗意，闻一多与众多好友重新聚首，他与杨振声、赵太侔、梁实秋、方令孺等人凑成"酒中八仙"，经常一起谈诗作画，乐此不疲。

▽ 闻一多在青岛大学的住宅，解放后被改为"一多楼"。

任教期间，闻一多醉心于学术研究，专攻中国古代文学，他从唐诗开始，继而上溯，由汉魏六朝诗到《楚辞》《诗经》，由《庄子》到《周易》，由古代神话到人类文化学，甚至于甲骨文、钟鼎文、音乐学、民俗学等，其涉猎之广，研究之深，堪称博古通今，学贯东西。郭沫若对他的学术成就赞叹不已："他那眼光的犀利，考所的赅博，论述的新颖和翔实，不仅前无古人，恐怕还要后无来者。"在青岛大学的第一学期，闻一多写了退隐诗坛前的最后一首诗《奇迹》，从此告别了诗人的浪漫而转向学者生涯。

这段时期，还有一件令闻一多高兴的事情——他收了一个学诗的弟子臧克家。臧克家报考青岛大学时数学成绩很差，考了最低分零分，闻一多慧眼识才，看好了臧克家扎实的国学功底给了他国文卷98分的高分，使得臧克家得以被青岛大学外文系录取。后来，臧克家转入中文系，真正成了闻一多的一名弟子。闻一多为人亲和，体贴学生，臧克家经常去老师家里请教，他的很多诗也都是由闻一多拿去发表的。闻一多还为他的诗集作序，甚至为他付一部分印刷费。对于弟子的进步闻一多总是很高兴，似乎从这个才华横溢的年轻人身上看到了自己年轻时的风采，看到了自己诗路的延续。十年之后，臧克家写了《我的诗生活》一书，赠给闻一多时，封面上写了题词："我无时不在想着你！你是我的领路人，在你的光辉里我找到了自己。"

1931年1月，胡适正担任国民政府中华教育文化基金委员会的秘书长兼下属的编译委员会委员长，他专程来青岛邀请闻一多和梁实秋等人翻译莎士比亚全集。闻一多受聘以后，便开始翻译，本来计划从《哈姆雷特》入手，五年内完成编译任务。但后来由于徐志摩飞机失事，青岛大学又闹学潮，计划便搁浅了。

青岛虽然风景秀美，气候宜人，却也没有逃离波澜动荡，从 1930 年 11 月开始的两年时间里这里竟然爆发三次学潮。1932 年 6 月底杨振声辞职，闻一多也离开了学校。7 月 3 日，教育部下令解散青岛大学，成立青大甄别委员会，聘闻一多为委员，但是他心意已决，便离开了青岛。

→ 重返清华

★★★★★

（33—38 岁）

1932 年 8 月，闻一多回到了北平，回到了阔别十年的清华园，就任清华大学国文系教授。经过风风雨雨的闻一多再次回到母校，他谢绝了一切行政职务，专心研究学术。当时同闻一多一起受聘的教授一共六人，除闻一多之外，还有朱自清、俞平伯、陈寅恪、杨树达和刘文典，其中与闻一多交往最为密切的是朱自清，两人的友谊在中国文学史上被传为佳话。

重新回到安静之所，闻一多更加依恋这份归属之地。在清华园里，闻一多拒绝一切外来干扰，潜心钻研，他给自己三条理由：首先由于十年的动荡让他渴望安定，他开始认为只有全身心投入研究才能够安抚身心；其次，当年受聘的六位教授中只有他是出身清华，却不是中文的本科毕业，在这种环境的压力下，只有加倍努力才能加固根基；第三，当年他所教授的学生很多已经小有成就，加上自己又是美术和写诗出身，如今讲授古典文学课程，就一定得多下工夫才能有所成就。

到1933年春，闻一多在清华园拥有了自己的寓所，条件很好，自命"匡斋"，他把家人都接了来，从此开始了恬静的教授生活。这里是闻一多一生中最好的生活环境，他终于可以抛弃一切羁绊，专心开始他的学术研究了。1933年9月，闻一多在写给饶孟侃的信中介绍了他的研究计划：

一、《毛诗字典》。将《诗经》拆教，编成一部字典，注明每字的古音、古义、古形体，说明其造字的来由。在某句中做何解，及其 parts of speech（这项工作已进行一年，全部完成的期限当在五年以上）。

二、《楚辞校议》。希望成为最翔实的《楚辞》注，已成三分之二。两年后可完工。

三、《全唐诗校勘记》。

四、《全唐诗补编》。

五、《全唐诗人小传订补》。

六、《全唐诗人生卒年考》（附《考证》）。

七、《杜诗新注》。

八、《杜甫》（传记）。

闻一多这一时期的文学创作和学术研究达到顶峰，他由唐诗出发，穿过了魏晋六朝和乐府时代，进入了《楚辞》、《诗经》的疆域，先后研究了《唐诗》、《楚辞》、《周易》，整理了数百万字的论著，此外，他还对《庄子》、《尔雅》、《乐府》进行深入研究，也取得了丰硕的成果。

在清华任教的五年，是闻一多一生中生活安定，研究顺利的五年，截止到1937年卢沟桥事变为止，闻一多陆续完成了《岑嘉州系年考证》、《全唐诗校勘记》、《匡斋说诗》、《天问释天》、《诗经通义》、《高唐神女传说之分析》、《离骚解诂》、《敦煌旧抄本楚辞音残卷跋》（附校勘记）、《诗经新义》以及有关神话研究、甲骨文、金文研究和许多文字考释方面的论文。这个时候，闻一多的学问真正达到了炉火纯青。

1937年6月，闻一多在清华任教已满五年，按照学校的规定，服务时间满五年的教授可以休假一年，用以进行研究和休整，他向学校申请编写《诗经字典》，并要求学校配给助手，学校批准了他的申请，但是就在这一年，卢沟桥一战打响，枪炮声、飞机声响彻清华园外，北平人心惶惶，一片混乱。而此时妻子带着立鹤和立雕两个稍大点的孩子已回老家探亲，家中只留下闻一多和三个不懂事的孩子，一时间闻一多内外交困。战火一时难停，于是他决定带上三个孩子离开北平。7月19日，一片兵荒马乱之中，闻一多不得不告别了朝夕相处的书斋，带着年幼的孩子和保姆赵妈离开了北平，乘津浦线前往南京。行时仓促，他只带了《三代基金文存》和《殷墟书契前编》两部书和一些手稿，家中细软包括妻子陪嫁的首饰全都留在了清华园，没想到，这次竟是他永远的作别清华园。

乱世治学

(1937—1942)

→ 步行入滇

1937 年七七事变后，日军相继占领了北平、天津。正在暑假中的北京大学、清华大学和南开大学，奉命南迁湖南长沙，借用长沙韭菜园原美国教会圣经学院的旧址，成立了国立长沙临时大学。圣经学院校舍狭小，仅有一座三层楼的教学用房和三座学生宿舍，不够临时大学使用，所以临时大学的理学院、工学院和法商学院设在长沙，文学院则设在了南岳衡山。1937 年 10 月 15 日学生开始注册报到，三校共注册学生一千一百余人，10 月 25 日正式开学。

几经周折后，闻一多一家终于在武昌团聚，但日子没多久，闻一多便在清华大学校长梅贻琦和中文系主任朱自清的邀请和敦促下，结束了休假，辞别妻儿老小，只身从武昌来到长沙，就任国立长沙临时大学的文学院教授。

闻一多讲《诗经》、《楚辞》，选课的人很多，差不多是那时最大的班。只是局势不平静，学生们念书也难以专心，生活更是不能同北京相比，饮食条件不好，环境虽然艰苦，但另闻一多欣慰的唯有继续他的学术研究。

1938年，南京失守，形势危急，随着战事的发展，长沙也面临威胁，临时大学不得不考虑将校址迁到远离战争的西南大后方——云南昆明。当时的交通条件困难，临大师生迁校的办法是：教职员工从长沙乘火车，转道香港、越南，乘越滇铁路到昆明；学生则组成湘黔滇旅行团，步行入滇，费用由学校负责，教师也可以自愿参

▽ 长沙临大师生在前往云南途中

加。加入旅行团的学生有近三百人，当时的闻一多已近40岁了，由于长期的书斋生活，他的身体很虚弱，也很瘦弱。但是这次长途跋涉仿佛是春天里的一声号角，唤醒了他所有蛰伏的热情，他毫不犹豫地选择参加步行团，是参加步行的仅有的五个教授之一。

△ 闻一多先生在湘黔滇旅行团途中素描作品《石板冲》

这种大规模的学生长途迁徙运动是古今中外罕有的，湘黔滇步行团全程行走3300余里，由湖南省主席亲自点将的原东北军少将师长黄师岳统帅，全团由267名学生、11位教师和4名教官和队医组成，将翻雪峰山、武陵山、苗岭、乌蒙山等崇山峻岭，地势险要，任务艰巨。

2月20日，步行团离开长沙，26日抵达常德，28日至桃源，3月6日到沅陵，闻一多去看望了迁到此地的北平艺专，与老友赵太侔和沈从文相见甚欢。在路上，学生问闻一多为什么放着火车、轮船不坐还要自讨苦吃，闻一多解释说自己火车和轮船都做过了，但对祖国的认识依旧很肤浅，所以这次他要用自己的脚板来抚摸祖国的沧桑，要重新认识中国。一席话为学生增添了前行的动力。

14 日，步行团至晃县，20 日至镇远，闻一多在旅途中带领学生按照各自的兴趣，组成若干考察小组，研究民族风俗、考察地质。24 日队伍渡重安江，30 日入贵阳，过了贵阳之后沿途见到红军长征时所留下的标志，大家很受鼓舞，斗

△ 长沙临大师生三路入滇示意图

志高昂，唱着救亡歌曲，阔步前行。

4 月 4 日步行团到达清镇，16 日渡盘江，19 日至平彝，闻一多一路行进，一路记录和速写，祖国的山河景色使他画兴大浓，沿途画了五十多张写生画，风土人情和优美景致都成了他笔下最珍贵的资料。22 日抵曲靖，24 日至马龙，26 日入杨林，27 日，步行团到达昆明东郊。

1938 年 4 月 28 日，步行团终于抵达昆明城内，清华校长梅贻琦、北大校长蒋梦麟等候在昆明近东门的拓东路，隆重欢迎长途跋涉的骄子。这次湘黔滇之行全程 3300 余里，历时 68 天，经过 27 个县和数百村镇，是团员们从未有过的磨炼，大大开阔了眼界，沿途他们亲身体验到那个时代战争背后的一角，得以目睹中国南方三省农村的真实生活画卷，听到了老百姓口中的红军，看见了红军留下的标语，知道了红军们留下的故事。亲眼看到了人民的疾苦和祖国的苦难，也体会到全国人民上下一心的抗战热情，这一切都给闻一多留下了深刻的印象和强烈的震撼。

→ 联大生活

☆☆☆☆☆

（39—43 岁）

　　1938 年 5 月 4 日，国立长沙临时大学改名为国立西南联合大学，并开始上课。西南联大是当时国内规模最大的高等学校，在校学生约三千人。由于昆明校舍不够，学校将文学院和法学院设于蒙自。蒙自是云南省南部的一个边陲小镇，清光绪年间曾被法国殖民主义者开辟为商埠，设立了海关，建起了法国银行、法国领事馆、法国邮政局、法国医院以及洋行等一批单位，蒙自也曾风光一时。但由于后来长期与世隔绝，生活水平较低，这批高大的洋建筑也早已无人居住。联大的教授们就住在希腊人留下的歌胪士洋行的二楼。尽管条件艰苦，但在非常时期，大家都没有怨言。闻一多得此立锥之地，马上就着手进行《诗经》和《楚辞》手稿的整理工作。自从他投身学术开始，总是有一种时不我待的紧迫感，一旦生活安定下来，立刻就会全身心地投入进去。

闻一多的用功在蒙自也是出了名的，除了上课，他几乎不出门，吃过晚饭大家相约去散步，他也从不参加，有人劝他何妨一下楼，引起大家的哄笑，于是闻一多也就多了"何妨一下楼主人"的雅称，后来这个雅号成为众所周知的美谈。

蒙自的生活平淡而简单，但是学生们还是很有朝气，他们自发组建了"南湖诗社"，经常召开座谈会，探讨新诗的发展方向。闻一多在座谈会上曾经作过长篇发言，强调新诗创作和新诗研究的重要性，后来成名的一大批诗人包括穆旦、周定一等都曾经是南湖诗社的成员，这段在蒙自的诗社生活给闻一多留下许多回忆。

汪曾祺在回忆西南联大的文章中说："闻一多讲唐诗最叫座。闻一多最赞赏五言绝句，认为五言绝句是唐诗中的精品，二十个字就是二十个仙人，容不得一个滥竽充数。"汪曾祺还说："能够像闻一多先生那样讲唐诗的，并世无第二人。因为闻先生既是诗人，又是画家，而且对西方美术十分了解，因此能将诗与画联系起来讲解，给学生开辟了一个新境界。"不单是联大中文系、文学院的学生争着听这门课，就连理学院、工学院的学生也赶来听。当时工学院与文学院一个在城东，一个在城西，听闻先生讲课，工学院的学生要穿越整整一座昆明城，但是他们也认为值得。今天的我们无法穿越时空，领略闻一多先生讲唐诗之风采，但精读他研究古诗成果的精选本《古诗神韵》——可以弥补这个遗憾。

1938 年下半年，联大在昆明西北三分寺附近购置了一百多亩地，建盖了一百多间教室和宿舍，虽然都是泥土墙、茅草顶，比较简陋，但拥有了新校舍，文法学院得以从蒙自迁回本部。8 月，闻一多回到了昆明，一家人得以重新团聚，生活又在新的环境里安顿下来。

当时昆明虽为抗战的大后方，却也时常遭到敌机的轰炸。有一次闻一多去接上小学的孩子放学，途中就被炸弹炸起的砖石砸中，鲜血直流，幸好及时包扎才脱离了危险。

11 月份，一部分联大学生成立了"联大剧团"。首演便是抗战话剧《祖国》。剧情描写的是一位教授在白色恐怖之下，不顾个人安危顽强抗战，最后牺牲的故事。这个话剧所表现出的抗日思想和为国捐躯的精神无疑引起了闻一多的共鸣，他从正在进行的《诗经》手稿整理工作中腾出一部分时间，亲自进行舞台设计与制作。当他重复着这些年轻时期曾经热衷过的工作时，青春的梦想和激情似乎逐渐被唤醒了。年轻时代积累的经验发挥了作用，在这出话剧中他成功地进行了灯光设计，比如同是一个地点，在忠勇的场合他使用了黄色灯光，在悲壮的时候则改换成蓝色，这样既传达了情感，又区分了剧情的黑夜和白天。

精心的设计和紧张的排练最终有了结果，1939年2月18日，这出话剧在昆明公演，引起了轰动，观众齐呼抗日口号，场面异常壮观。后来连续演出八天，场场爆满，重庆、上海等地的报纸都刊登了这次演出的情况和剧照。话剧的成功上演给昆明注入了活力，群众抗战热情空前高涨，抗战胜利的信心十足。

话剧《祖国》的成功让闻一多看到了希望和信心，他开始注意到曹禺的剧作《原野》，这部话剧是剧作家曹禺继《雷雨》、《日出》、《北京人》之后的又一力作，剧情描写了一个杀父之仇与朋友之情冲突的悲剧。闻一多以老师和朋友的身份邀请曹禺到昆明亲自执导该剧。7月，曹禺飞抵昆明开始布置和分工，闻一多负责舞台设计，他的认真和细致为话剧的完美上演增色不少，给观众带来了美的震撼和实景般的感受。8月16日由曹禺亲自导演的《原野》在昆明新滇大戏院正式公演,轰动全城,连续演出一个月,场场都是满座,创下了中国话剧史上的一个壮举。

1939 年 9 月,第二次世界大战爆发。昆明的上空时常有飞机光临,为了有一个安定的研究环境,闻一多一家搬到滇池南面的晋宁县。在这里,虽然可以暂时躲避战争的危险,但生活条件极其艰苦,闻一多过上了一箪食,一瓢饮,却乐在其中的生活。这一年,他的兴趣集中在了对《易林》和《周易》的研究上。研究成果主要表现在《尚书补释》、《周易闲诂》、《庄子章句》、《楚辞校补》、《离骚叙论》以及《释朱》、《释桑》等有关文字考证的论文之中。

▽ 西南联大学生在进行抗日宣传演出

1940 年 9 月，晋宁一年的休假结束，闻一多一家又迁回了昆明。这一年轮到朱自清休假研究，由闻一多接任了他的清华大学中文系主任的职务。之前因为武汉大学和青岛大学的经历，闻一多已决心不再做官，无奈校方和同仁的大力相劝，无法拒绝，于是开始代理清华中文系主任。朱自清休假结束后身体状况不佳，于是闻一多正式就任系主任，并要求在学校迁回北平后就卸任。

　　10 月，日本的飞机又来光顾，闻一多一家不得不迁居到陈家营。那段日子是闻一多全家度过的最艰苦的时光，仅靠闻一多微薄的收入要养活一家八口实在拮据，常常是寅吃卯粮，入不敷出，甚至过起了举债的生活。家里能变卖的都卖掉了，无奈之下最后闻一多将多年的藏书都卖给了图书馆，当日推车送书到图书馆时，闻一多不禁流下辛酸泪，并誓言要在回到北平之时赎回自己的藏书。

　　闻一多全家一日三餐只有豆渣和白菜，偶尔"改善伙食"也只是买一块豆腐。闻一多乐观地对孩子们讲，豆腐是最有营养的，是白肉，哄得孩子们暂时忘记了饥饿。

　　冬天来了，闻一多却把自己仅有的一件皮大

△ 闻一多全家福

衣典当了，结果冻得发了高烧。高孝贞又心疼又着急，流着眼泪让大儿子连夜从郊外赶进城，把大衣赎了回来。生活虽然艰苦，但闻一多总是持有乐观的态度，他总是说，前方战士在用生命保卫国家，我们克服一下暂时的困难没有什么。同时他也在想办法改善家里的状况，陈家营村边有一条小河，一次他偶然发现河里的小鱼小虾，于是就经常捉一些回来给孩子们补充营养。他还带着孩子们捉蚂蚱，捞田螺，捉田鸡，自力更生的日子里也充满了温馨。

　　清华大学迁到昆明之后一直没有文科研究所，1941 年 7 月学校开展筹建工作，中国文学部的筹建担子就落到闻一多的肩上。9月，在陈梦家的介绍下，闻一多和助教何善周迁往司家营的一处出租房，因为当地居住环境良好，学术交流便利，便决定将清华文科研究所设在司家营。随后，闻一多全家和他的助手、研究生们也陆续搬入，这里便成了研究工作的中心。每天晚上，都能看见闻一多在昏黄的油灯下伏案夜读，徜徉于中国五千年厚重的文化当中。1942年3月，闻一多的《楚辞校补》出版，这是学术界公认的力作。他写的关于屈原和《楚辞》的论文，代表了一个时代的研究水平。特别是他对《楚辞》中神话的探讨，使读者看到了古代文学的真实面目，为后人的研究开拓了疆域。

1942年春，物价飞涨，昆明的物价相当于战前的60倍，而教授的工资却没有增加，闻一多一家的经济情况十分糟糕。一些条件不错的人提出资助的意愿都被闻一多谢绝了，他开始思考自力更生的问题。直到1944年在朋友的提示下，闻一多回忆起十年前在杭州为朋友治印的经历，于是决心利用这门手艺谋些家用。他买了刻刀，收集了治印用的石头，开始以治印为生。云南产象牙，但是密度极大，刻起来极为艰难，他想尽了一切办法还是无济于事，于是只能硬着头皮往下刻。第一枚印章花费了他一整天的时间，刻完后手指都磨破了，但是总算有了一个良好的开始。闻一多有深厚的美术功底，又对古文有深入的研究，所以更加注意印章的布局和整体线条，他刻出的图章总是与众不同。起初生意并不好，人们知之甚少，后来随着刻主增多，名气越来越大，生意也渐渐好起来。找闻一多治印的一般都会制定刻他最擅长的钟鼎文。朋友们经常帮忙宣传和介绍顾客，沈从文还在《自由论坛》上为其免费刊登了广告。为此，闻一多曾自嘲说：

△ 闻一多在治印

"我这个国文教员变成手工业者了。"

　　1944 年开始闻一多又兼职中学教员。因为住在乡下，每次进城上课都要走十几里路，恰巧一次机会闻一多接受邀请到西郊的昆华中学作讲座，闻一多借机表示愿意在昆华中学做国文教员，只要有间房子就可以，昆中校长徐天祥当即同意，安排一间房子给闻一多，学校提供了便利条件，更重要的是从昆华中学到西南联大只有十几分钟的路程，家里的生活条件也得到了进一步的改善。

觉醒与蜕变

（1943—1944）

→ 诗人的觉醒

☆☆☆☆☆

（44岁）

    从北平到昆明的转移，步行团沿途的所见所闻，昆明上空难以躲避的日本飞机，艰难困苦的窘迫生活，外加1943年春，蒋介石《中国的命运》一书中的法西斯思想，这一切的一切促使着闻一多思想的转变。而这标志，要从偶读田间的诗开始的。

    1943年8月的一天，朱自清递给闻一多一本诗，他偶然翻到解放区诗人田间的几首诗，一下子受到了震撼，便仔细阅读起来。当时读到田间的《自由，向我们来了》《五个在商议》《给饲养员》《多一些》《晋察冀向你笑着》《人民底舞》等几篇，诗中展示了解放区人民的战争与生活，饱含激情，充满战斗的鼓点，读后令闻一多久久无法平静，他如获至宝般阅读这些新诗和诗句背后解放区的生活。

田间的诗没有丰富的辞藻，没有无病的呻吟，也没有空洞的意境，有的只是短促有力的句子和响亮的节奏，铿锵有力，掷地有声。闻一多一时难以找到准确的词语来形容自己的这种震撼，突然一个念头闪现于眼前，他兴奋地脱口而出：时代的鼓手！

在他这个学期的第一堂课上，他破例介绍了田间的诗。他说："抗战六年来，我生活在历史里、古书堆里，实在非常惭愧，但今天是鼓的时代，我现在才发现了田间，听到了鼓的声音，使我非常感动。……田间实在是这鼓的时代的鼓手！他的诗是这个时代的鼓的声音！"闻一多一面剖析自己，一面竭力劝说大家，现身说法，指出时代最缺乏的就是田间这样的鼓手，他发出的声音才是时代的声音。闻一多身着蓝色长袍，一边激动地演说，一边有节奏地轻拍田间诗的抄本，专注的深情和洪亮的声音使课堂顿时庄严起来，同学们都被他精彩的讲授所震撼，窗外的路人也纷纷停下脚步感受他那如电流般的激情。他说这些诗里面跳跃的是时代的鼓点，因为它喊出的是人民的呼声。诗歌不应该只是装饰，不应该只是美，而更应该是武器，是战斗的鼓点，是人民的精气神。闻一多越讲越激动，越讲越深情，他要颂出这片鼓声：

回旋…

狂蹈…

耸起的

筋骨

凸出的

皮肉。

挑负着

——种族的

疯狂

种族的

咆哮，

……

——《人民底舞》

闻一多的这堂课引起了强烈的反响，人们纷纷议论"这听鼓的诗人将要变成擂鼓的诗人了"。几天后一篇题为《时代的鼓手——读田间的诗》便发表了，这是几年以来闻一多发出的第一声呐喊。在这篇文章的末尾，闻一多充分表明了自己对于时代的清醒认识：

当这民族历史行程的大拐弯中，我门得一鼓作气来度过危机，完成大业。这是一个需要鼓手的时代，让我们期待着更多的"时代的鼓手"出现。至于琴师，乃是第二步的需要，而且目前我们有的是绝妙的琴师。

当时在国民党统治区，一位著名的教授能够公开赞扬解放区诗人自然引起了轩然大波。闻一多并没有顾及其他，这也不是完全出于冲动，时局的日渐明朗使闻一多开始思考诗歌以外的生活。他专门写信给昔日的学生臧克家，说"不能想象一个人不能在历史里看出诗来，而还能懂诗"，"近年来我在联大的圈子里声音喊得很大，慢慢我要向圈子外喊去"。这标志着诗人已经觉醒，并开始转变了。

正像闻一多所决心的那样，他的喊声越发大了起来：

1944年2月，闻一多的一篇《复古的空气》发表在《云南日报》上，他毫不讳言地批评复古逆流，面对坚固的复古堡垒，这一次他挺身而出。

3月，他又在《中央日报》上发表《家族主义与民族主义》，尖锐地指出"将来必有那么一天，逼得家族主义非大大让步不可"。闻一多提倡民族主义，反对家族主义，说白了就是公开地反对国民党的统治。

4月，他的《从宗教论中西风格》发表，用西方对信仰的追求来对比中国的中庸之道和儒家思想的没落，字字犀利，针锋相对。

这一时期的闻一多用文章当匕首，抒发着火山爆发般的情感，他就是一名战士，已经开始披荆斩棘踏上征途。

→ 学者变战士

（45 岁）

1944 年在国统区，国民政府宣布取消
"五四"纪念，将青年节改为 3 月 29 日，即
黄花岗起义纪念日，这个决定引起了西南联
大教授和学生的一致反对，这一年的五四纪
念活动不但没有取消，反而更加隆重。

西南联大组织的纪念活动从 5 月 3 日
开始，首先是联大历史学会举行"五四"
二十五周年纪念座谈会，邀请闻一多、张奚
若、周炳琳、雷海宗、沈有鼎、吴晗等人出席。
会上，闻一多回忆了当年自己参加五四运动
的经历，当老同学雷海宗发表学生过问国事
常常处于感情用事的言论时，闻一多马上站
起来反驳，并指出要不是青年重感情，就不
会有五四运动，相反只有感情冲动才能激发

力量。

5月4日,联大壁报社组织活动,他们将邀请闻一多等六位教授发表演讲。活动还没有开始,现场已经挤得水泄不通,秩序非常混乱,组织方无奈只好宣布活动改期举行。5月8日,座谈会重新召开,参与演讲的教授也由六位增加到了十位,当天座谈会的会场选在了图书馆前面的大草坪上,除了西南联大的学生之外,云南大学、中法大学以及很多中学生都赶来参加,规模之宏大,场面之热烈,都是空前的。

会上闻一多和罗常培共同担任主席,闻一多作了重要发言,他语调高亢,情绪激动,从民主革命谈到文学发展,振臂高呼"我们不能忽略破

▽ 民主草坪前的报告会

坏，最重要的，是打倒孔家店，再则摧毁象牙塔。这两种东西是相因而至的，都是要不得的"。以教授身份站在讲台上的闻一多，再也不是"绝口不谈政治"的学者，大庭广众之下，他的矛头几乎直接对准了蒋介石《中国的命运》一书。他说：

那么前三种人又活跃了！但他们觉得新主子不如旧主子好，所以才有"献九鼎"啊！新主子一出来首先要打击五四运动，要打击提倡民治精神的祸因。后来他们发现民主是从外国来的，于是义和团精神又出现了……

在昆明这个值得纪念的夜晚，闻一多像火山一样喷发了。三千多名听众见证了这位名满清华的诗人、学者，这位沉默了十年的古代文学教授，以他洪亮而坚定的声音，揭开了联大乃至昆明民主运动的全新一页。他指着刚刚从云层里钻出来的月亮说：

月亮出来了，乌云还等在旁边，随时就会把月亮盖住。我们要特别注意……要记住我们这个五四文艺晚会是这样被人阴谋破坏的；但是我们不用害怕，破坏了我们还要来！五四的任务没有完成，我们还要干！

闻一多的声音震撼着每一个年轻人的心，这真是鼓手的声音。从此以后，闻一多与昆明民主运动融化在一起了，正如吴晗在《闻一多传略》中描绘的：

跟着是宣言、通电、抗议、呼吁、大规模的时事晚会，演讲会，以及美术展览会，新诗朗诵会，文艺座谈会，营火会，舞蹈，话别，各文化部门全被动员了，以至几千人的、几万人的大游行，一而再，再而三，轰轰烈烈，大地在撼动了，全国在响应了，法西斯在发抖了！

飘拂的长髯，炯炯的眸子，破旧的长袍。带着一根白藤手杖，出现在每一个集会中，每一次游行中。

闻一多在政治上的影响越来越大，这着实让国民党非常紧张。于是，1945年暑假，昆明全城都在流传着一个传言，说西南联大要解聘闻一多、潘光旦等一批教授，可见当时的压力和局势。这个传言后来传到了重庆，《新华日报》竟然刊登一篇报道，题目就是《极力主张民主的闻一多教授因故解聘》。

解聘传言并没有让闻一多因此却步，相反，他更加斗志昂扬地倡导革命，在他看来，知识分子理应该行动起来，不能任统治者任意妄为。当时，中国共产党曾对闻一多表示了深切的关怀和诚挚的慰问，并于10月15日发表《慰问闻一多先生》，文中盛赞闻一多的正义热情以及忧国忧民的胸怀，对于闻一多先生争取民主、直面顽敌的勇气和坚定都致以高度评价。

最后，解聘传言并没有发生，在气氛相对自由的西南联大始终没有出现过因为政治因素而开除教授的事件。闻一多从一个著名的诗人、学者，逐步发展成一个为爱国民主运动奔走呼号的民主斗士。

➡ 加入民盟

（45 岁）

　　1944 年暑假的一天，云大教授楚图南带着特殊的任务来拜访闻一多。原来他是受中国南方局特派员华岗之托，邀请闻一多加入西南文化研究会。西南文化研究会是一个高级知识分子的学习会，目的是把进步的知识分子组织起来。当年周恩来曾亲自给华岗写信，谈到应该极力争取、团结像闻一多这样正在寻找出路的知识分子。了解来意后，闻一多对此深为惊讶和感动，并欣然答应。于是，闻一多和共产党有了第一次接触。此后，闻一多阅读了各种"左"倾书籍，详细了解了共产党的各种情况，并对共产党有了新的认识。

　　闻一多的转变是迅猛和彻底的，1944

年夏，闻一多由罗隆基、吴晗介绍，秘密加入了中国民主同盟，并表示"将来一定请求加入共产党"。民盟早在 1940 年底就成立了，当时称为"民主政团同盟"，由于环境的压迫，一直处于秘密状态。1944 年开始公开活动，改称民主同盟。民盟主张抗日，反对投降；主张民主，反对独裁。因为以龙云为代表的云南地方势力与蒋介石的独裁统治有矛盾，对民盟的活动一般不干预。中国共产党对昆明的民主运动很重视，派了华岗在昆明进行地下工作。民盟在昆明的民主运动中发挥了突出的作用。

闻一多加入民盟后，凡是有利于民主运动的事，不论巨细，闻一多都尽力去做，出席会议、发表演说、起草文件，他都非常积极，从不推诿。

9 月 15 日，中共代表林伯渠在第三次国民参政会上提出废除国民党一党专政、成立民主联合政府的主张，得到了包括民盟在内的各民主党派的响应。闻一多在会上发表了《组织民众与保卫大西南》的演讲。

1944 年 10 月 8 日，西南联大与云南大学联合举办鲁迅逝世纪念活动，各界人士纷纷赶来参加。因为闻一多早年是新月派的成员，而新月派曾与鲁迅先生发生过激烈的辩论，组织方起初还担心闻一多是否愿意参加纪念大会，没想到，闻一多接到邀请函后非常欣慰，他感受到同志们对他的宽容，同时也为走上这条希望之路而感到高兴。

事实上，闻一多对鲁迅一直非常尊重，当年他并没有参与新月派与鲁迅的争论，相反他还在清华召开的鲁迅追悼会上，把鲁迅比做当代的韩愈，盛赞鲁迅推动了民族的进步。经过了八年的洗礼，闻一多对鲁迅有了更深的认知和理解。他在听了其他同志的发言后，款款地起身，勇敢地剖析自己早年的方向错误，话语间饱含了对鲁迅的敬仰和爱戴。

"从前我们在北平骂鲁迅，看不起他，说他海派。现在，我要向他忏悔，我们骂错了。"他语调平缓、低沉，表情庄严，字字恳切，句句是内心的独白。说完他转回身，面向台上的鲁迅纪念画像深深地鞠了一躬。

闻一多经过长时间的探寻之后，最终找到了自己和鲁迅在精神上的契合，他说学习鲁迅的战斗精神是纪念鲁迅的真正意义，有鲁迅做榜样，在行动上不再畏惧，从此从书斋走向社会，与民主运动融在一起。

在10月10日的辛亥革命三十三周年纪念活动上，闻一多加入了大会主席团。这时候的闻一多已经彻底摆脱了对国民政府的幻想，把目光投向了人民，认为人民自己的力量才是最可靠的。

12月25日，是云南护国起义二十九周年纪念日。闻一多做了"护国起义与民主政治"的精彩演讲，他号召人们"打倒独裁，继承护国精神，扩大民主运动，争取最后胜利！"在场的人们情绪激昂，会后举行了盛大的群众游行，闻一多与护国元老们走在队伍的最前列，用实际行动践行着民主呼号。

民主斗士

（1945）

→ 坚定信念

（46 岁）

1945 年，闻一多一家从昆华中学搬到了西仓坡，住进了联大给教员盖的新宿舍，因为这间宿舍离联大和联大附中都很近。寒假，西南联大组织到路南旅游，闻一多也一同前往，这次旅行的所见所闻让闻一多更加坚信中国共产党一定会胜利。

路南一游，整个旅行团借宿在县立中学，这所中学的校长杨一波热情招待了旅行团。在交谈过程中，杨校长讲起 1943 年路南中学师生联合当地群众打倒反动县长许良安的经过，身处路南，似乎能够感受到两年前全民齐心推翻反动统治的恢弘气势，县里为了纪念斗争的胜利，还专门立了一块碑，就叫做"贪官许良安遗臭碑"，闻一多还是第一次听到离自己这么近的反抗运动，他非常敏感地预感到这股革命之火将如星火燎原般横扫西南，想到这里他显得非常激动。路上有人问闻一多，如果国民党和共产党真的开战，谁会得胜利，闻一多毫不犹豫地说："共产党会取得胜利，这难道还有疑问吗？"闻一多对中国共产党的信心已经深深地刻在了心里，这样的信心已经不是早期的表面上的膜拜和冲动的表白，而是上升为一种内心的信仰，并且有坚固的理论根基和对时局的深刻剖析做基础。

旅行团组织游长湖，闻一多和助教何善周两人没有参加，两人就新民主主义道路的问题展开了长谈。闻一多读过了毛泽东的《新民主主义论》之后，更加清楚了毛泽东的科学论断和中国革命走向胜利的道路问题，这种领悟对于一直怀有爱国情感苦于无路的闻一多而言，无疑是久旱逢甘霖般的痛快。闻一多激动地对何善周描述自己的激动之情，称自己终于找到了报国之门，他越来越对中国的前途充满信心，此时他对国家的爱已经转化成武器，转化成力量，完全超越了过去的口号与宣言式的乌托邦，用实际行动践行着对共产党必胜，民主革命必胜的坚定信念。

3月12日，针对蒋介石在重庆宪政实施促进会上声称的"吾人只能还政于全国民众代表的国民大会，不能还于各党派的会议"一语，闻一多与吴晗起草了《昆明文化界关于挽救当前危局的主张》。发表以后，签名的群众不断增加，最后达到1342人。

这份《主张》像一把匕首，刺向反对民主的逆流。随后，民主浪潮汹涌而至，反动派阵营一片混乱。

走过4月，一年一度的五四纪念活动马上就要来临了，1945年的"五四"二十六周年纪念正值国际反法西斯战线胜利之时，为了纪念这次五四，联大、云大、中法大学和英专四校学生自治会联合发起了五四纪念活动周。作为学生们爱戴的导师，同事们尊敬的斗士，闻一多出现在每一天的纪念活动里。

4月30日开始，西南联大陆续展开了纪念活动。闻一多几次登台演讲，赞扬文艺走民主的道路是时代的选择，并对新文艺运动的具体操作提出了要求。这次演讲的内容成为后来发表的《五四与中国新文艺》的初稿，文章中闻一多把时代看成群众的时代，这一看法见证了他自我改造的彻底。

5月2日晚，他出席了联大新诗社的"诗歌朗诵会"，他作了发言并朗诵了艾青的诗《大堰河——我的保姆》，这成为当晚最精彩的节目。

3日晚，联大历史学会举办"五四以来青年运动总检讨会"，闻一多被安排第一个发言。他告诉学生们：帝国主义和封建主义都是人民的敌人，不管道路有多么曲折，最后的胜利都将只属于人民！

4日，纪念活动达到高潮。四大学联会将在云南大学的操场召开盛大的纪念大会，下午六千多青年欢聚到一起，偌大的广场竟然被挤得水泄不通。活动刚刚开始不久就下起了大雨，

△ 1945年2月，西南联大教授闻一多在昆明石林。

会场秩序开始有些混乱。闻一多跑到台上，向青年们呼喊："是青年的都过来！是继承五四血统的青年都过来！""这雨算得什么雨，雨，为我们洗兵！"整个操场沸腾了，青年们在雨中接受洗礼，情绪异常高涨。

会议结束后是万人大游行，成千上万的人浩浩荡荡，包括学生、工人、市民，队伍越来越长，越来越庞大。游行进行了四个小时，最后回到云南大学操场。闻一多再次登台，再次强调只有民主才能救中国，要民主，更要科学的民主，要时时警惕敌人破坏胜利的果实，要团结起来创造更大的胜利。当晚最后的节目是火炬竞走，第一名将获得闻一多亲自题写的"民主火种"锦旗。一把把火炬被高高举起，照亮了青年的心，传遍了整个联大校园，将火种深深地埋在青年的心里。

5日晚的文艺晚会是五四运动二十六周年纪念的最后一个活动。晚会的最后一个节目是闻一多的演讲，这次他讲的是《艾青与田间》，他赞誉艾青是今天的诗人，田间是明天的诗人，这也成为闻一多的名篇之一。

→ 抗战胜利

★★★★★

（46 岁）

1945 年 8 月 10 日深夜，日本投降，八年的艰苦抗战终于结束。庆祝的人们纷纷涌上街头，满脸都是胜利的喜悦。闻一多得知胜利的消息后，像一个孩子一样手舞足蹈，兴高采烈。抗战胜利了，闻一多做的第一件事就是将续了八年的美髯剪掉，遥想当年三千里路上发下的誓言，抗战一天不胜利就一天不理须，这个誓言一坚守就是八年。

抗战胜利后，国内形势依旧紧张，很多人开始担心内战的爆发。民盟的同志对这一点也早有认识，他们迅速调整工作重心，以抗战胜利为转折，将工作由前期的团结抗日、反对独裁迅速调整为反对内战、争取民主。

8月14日，日本宣布无条件投降，包括闻一多在内的昆明各界207人联名发表《告国际友人书》，呼吁国际友人支持中国人民建立一个民主团结的国家。之后闻一多又公开发表言论，警惕美国扶蒋政策的真正用意，并指出：真正能够制止内战的是人民群众，谁能得到人民的支持谁就能获得胜利。闻一多以最大的热情和精力投入到活动中，就像一位英勇的战士奔跑着去救援自己的祖国，他一刻不停息地在后方做着一切。

9月2日，联大开学，新诗社举办"为胜利民主团结诗歌朗诵会"，一千多人参加的大会，座位摆成了"V"字，周围贴着大家写的心愿标语，闻一多写的是："虎毒不食儿，哀哉人食人。"

9月4日，昆明各大民间团体组织集会，很多教授都在会上作了精彩发言，会议结束前，闻一多宣读了重要文件《昆明教育文化界庆祝胜利大会宣言》，宣称"以一部分中国人民的资格，为了保证我们自己的胜利的果实不致落空"。宣言提出了很多具体问题，代表着建立民主国家的坚决态度。

9月15日，昆明各界联名发表《为庆祝胜利及和平建设新中国通电》，闻一多是发起签名者之一。支持国共会谈，坚决反对内战，昆明的知识分子可谓竭尽全力。

重庆的国共和谈牵动着亿万人民的心，而对于国民党，对于蒋介石，这只是一个缓兵之计，一个打内战的缓兵之计。国民党为了发动全面内战，一方面是向华北、东北调兵遣将，另一方面就是绥靖后方。10月2日，蒋介石发动昆明事变，把原云南省主席龙云搞下台，派来自己的爪牙李宗黄。目的就是要把昆明的民主运动和进步力量压下去，将对联大学生进行镇压是必然的。但民主是潮流，是无法阻挡的；反内战是全国人民的呼声，是无法抗拒的!

10月10日，国共双方经过43天的谈判，达成《双十协定》，但《双十协定》的签字墨迹未干，国民党就发出了内战密令，80万国民党军队向解放区进军，烧起了内战的战火。11月5日，中共中央发出号召，反内战活动迅速展开。昆明和全国一样，出现了要求和平，反对内战的高潮。

11月23日，昆明学联的几位学生来征询闻一多和吴晗先生的意见，商量举办"反内战时事讲演会"的事。闻一多对这个计划非常赞同，他建议，为了更好地团结中间力量，应该请几位不带党派立场、平时公开讲演不多的进步教授出席讲演，他主动提出自己不出席，吴晗也不发言。在两年的斗争磨砺中，闻一多的思想成熟了，他更加注重斗争的方法和策略。

25日晚，讲演会按时召开，事先邀请的教授大都出席，但大家都没有料到的是，国民党竟然调兵到联大，并放枪干扰讲演会。这次破坏集会自由的行动直接导致四大学生自治会决定罢课，抗议当局对联大学生校内集会进行的镇压。

⊙ 一二·一惨案

（46岁）

罢课的斗争逐渐达到白热化，从29日开始，陆续有特务军警进入学校破坏，壁报被撕，教室、宿舍、食堂被砸，部分师生，包括一些知名教授都惨遭毒打。30日，民盟云南省支部发表声明，支持昆明学生罢课。

1945年12月1日，昆明爆发震惊中外的"一二·一"惨案。几百个特务、打手在这一天有计划地袭击了西南联大、云南大学、中法大学等学校，殴打、杀害要求民主、反对内战的爱国学生，为强攻入校，有士兵使用了手榴弹，当场就有学生被炸身亡。仅一天就有四人被夺去生命，五十多名青年在混乱中受伤。面对这种暴行，闻一多悲痛交加，怒称这是黑色恐怖。随即大义凛然地撰写了

《"一二·一"运动始末记》，支持学生运动。当晚，他与吴晗、洪季凯商议了下一步工作，对烈士入殓仪式、灵堂布置、成立治丧委员会、法律委员会等问题进行了具体部署。

12月1日晚，遇难的四名学生：潘琰、李鲁连、于再、张华昌的遗体，由云大附属医院抬到了联大图书馆，图书馆成了"一二·一"烈士的灵堂。

2日下午3时，图书馆前举行了四位烈士的入殓仪式，灵堂正中挂着闻一多写的"一二·一烈士千古"的横幅，横幅下是烈士的画像。闻一多的挽词是：民不畏死，奈何以死畏之，血债是要用血来偿还的。

入殓仪式有近万人参加，全场哭声一片。灵堂成了缅怀烈士、要求民主、反对内战的课堂，每天来吊唁烈士，拜读和抄写挽联、挽诗的学生、工人、市民络绎不绝，当时昆明市人口不足30万，来联大图书馆吊唁的就有15万之多。

12月6日联大讲师助教及附校教员宣布罢教，闻一多、向达、费孝通、费青、潘光旦和刘晋年等教授先后在罢教宣言上签名。而对于部分教授的左顾右盼，闻一多非常不满，写下了《人·兽·鬼》用来讽刺，罢教活动有力地支持了学生的爱国运动。

26日，在联大师生的努力下，在全国人民的支持下，国民党一方被迫作出妥协，李宗黄被赶下了台，关麟征调离昆明，尽管是被迫的、虚伪的表态，总算是学生争到了公道，昆明学生停灵复课，"一二·一"运动暂时告一段落。在整个过程中，闻

△ "一二·一"惨案昆明学生举行示威游行

一多始终站在学生一边，闻一多也因为积极协调各方面的关系来支持学生运动而广受学生的拥护。

1946年1月10日至31日，政治协商会议在重庆召开，这一次国民党被迫坐下来讨论政治问题。会议通过了五项决议，民主进程取得了阶段性的进展，这给中国人民带来了一些希望，闻一多在精神上也受到了极大鼓舞。

2月10日，重庆举行庆祝政协成功的庆功大会，在会议开始前，几名暴徒便强占了校场口会场的主席台，打伤了郭沫若、李公朴、施复亮等人，即著名的"二·一〇"惨案。闻一多闻讯非常气愤，立即致函慰问，同时在多家报纸、刊物上发表《我们对校场口血案的意见》。一周后，昆明各界在联大草坪上，召开"庆祝政治协商会议成功，抗议'二·一〇'惨案暨严惩'一二·一'惨案祸首大会"，草地上坐了三千余人，闻一多冒着风险担当大会主席，他说："在全国人民，包括昆明人民在内的斗争下，政治协商会议终于通过了五项决议，在民主和平的道路上，向前走了一步，这是值得庆贺的，我们要求彻底实现政协通过的五项决议，但我们头脑要十分清醒，反动派是不肯放弃权力的，不肯实行民主的……"当天下午会议举行了声势浩大的示威游行，闻一多等主席团成员走在游行队伍的前面，晚上队伍返回

民主斗士

云大的操场，闻一多再一次鼓舞大家："今天我们开庆祝会，会后游行，特务哪里去了？……他们害怕了，怕群众组织起来，团结起来！他们怕我们，因为我们是绝对多数，因为我们是团结的！明天我们要更团结，更有组织，参加游行的人更多！"

1946 年 3 月 17 日是"一二·一"烈士出殡的日子。这一天昆明万人空巷，纷纷涌上街头参加送殡，送殡的队伍蜿蜒十多里，包括闻一多在内的十几位教授参加了出殡，大家抬着烈士的棺木，用团结来默默反抗，长达六个小时，闻一多一刻都没有离开。墓地选在学校的东北角，墓门有两根火炬形状的石柱，墓道尽头是四个并排的墓穴，后面是一座大理石墓壁，上刻着闻一多用篆字写的"四烈士之墓"和自由神浮雕，石壁上刻着闻一多写的《一二·一运动始末记》和冯至的挽诗《招魂》。

百余团体的代表，站满了墓地，送葬的群众站在墓地周围，公葬仪式由联大训导长查良钊主祭，读祭文，唱挽歌，奏哀乐。最后闻一多登上墓地西北角的石阶上，大声说："四烈士永远安眠在民主堡垒里，他们是民主的种子。我们活着的，道路还远，工作还多。杀死烈士的凶手，还没有惩办。今天我们在这里许下诺言了，我们一定要为死者复仇，追捕凶手。我们这一代一定要追还这笔血债，我们要追捕凶手到天涯海角。我们一辈子追不到，下一代还要继续追，……血债一定要用血来还！"

震天的口号、哀乐声、哭泣声和陵园畔的松涛声，合成一片，为烈士们咏唱安魂曲……

→ 最后的演讲

★★★★★

（47岁）

1946年5月4日上午，在细雨霏霏中，在图书馆前，举行了西南联大纪念碑的揭幕式，并宣布西南联大结束。1938年的5月4日，西南联大在昆明开学。八年后的今天，西南联大完成了历史使命，即将北返。联大师生共两千余人参加了仪式，庄严而肃穆。

校长梅贻琦站在台上说："八年前我们在极困难的条件下开学，八年后的今天，我们又在联大声望日重的情况下，宣布结束。首批一百多名学生今天就要离校，复员北上了。八年来，西南联大作出的贡献是长存的。为了纪念西南联大的光荣，我们在这里树立了一座'国立西南联合大学纪念碑'，现在揭幕……碑额由闻一多先生撰写，碑文由冯友兰先生撰文，罗庸书丹。碑文记述了联大的简史。碑的后面镌刻着八百多位西南联大，在抗战时期投笔从戎的同学姓名，他们是西南联大的光荣和骄傲，此时此刻，让我们向那些已为国牺牲的联大同学们默哀！……"

5月4日西南联大宣布结束后，首批学生复员北上，第二天，位于昆明市中心的近日楼墙上，突然贴出了署名为"中国民主自由大同盟"的"布告"，诬蔑李公朴从重庆携巨款来昆，密谋暴动。还诬蔑云南民盟支部组织暗杀公司，闻一多是暗杀公司的董事长……昆明风传闻一多、李公朴上了黑名单，当局要用450万法币，购买闻一多的头颅。虽然这些都是流言蜚语，但无风不起浪。学生们都劝闻一多注意安全，保护自己，早日复员北返。闻一多知道，这些流言蜚语，无非是对他的恫吓，想封住他的嘴。但闻一多不为这些威吓所动，每天照常到民盟支部办公，回到家里，就忙着治印。

1946年7月11日，闻一多送走了西南联大最后一批复员北返的同学，回来的路上不断有人跟踪，家里也接连收到恐吓信。当天晚上9时许，民主战士、民盟中央执行委员李公朴被特务暗杀了。12日凌晨，闻一多得知李公朴遇难的消息后，不顾发烧的身体和危险，更不顾夫人拼死的劝阻，只身来到了云南大学附属医院，探望李公朴先生，但此时李公朴已经闭上了眼睛。闻一多扑在李公朴的身上，哭喊着说："公朴，我来晚了……我们要继承你的事业，前脚迈出大门，后脚就不想收回来。"

一时间，紧张的气氛笼罩整个昆明城，恐吓与跟踪一次次摧残着民主斗士，从内线传来可靠的消息：黑名单里的第二名就是闻一多！妻子高孝贞的心脏病更加严重了，她含着眼泪劝丈夫不要再往外跑了，闻一多沉默了许久，他必须冒着风雨前行，没有退路。7月15日，李公朴殉难报告会在云南大学召开，闻一多没有接受大家的劝告，坚决要出席。报告会上，李公朴夫人说到李公朴遇刺的经过时，声泪俱下，悲痛欲绝，在场的特务却趁机起哄，闻一多忍无可忍，愤然起身，大步走上讲台发表了他平生的最后一次气壮山河的演讲：

　　　　这几天，大家晓得，在昆明出现了历史上最卑

△ 西南联大纪念碑

121

民主斗士

劣、最无耻的事情！李先生究竟犯了什么罪？竟遭此毒手，他只不过用笔写写文章，用嘴说说话，而他所写的、所说的，都无非是一个没有失掉良心的中国人的话！大家都有一支笔有一张嘴，有什么理由拿出来讲啊！有事实拿出来说啊！为什么要打要杀，而且又不敢光明正大地来打来杀，而偷偷摸摸地来暗杀！这成什么话？

今天，这里有没有特务！你站出来，是好汉的站出来！你出来讲！凭什么要杀死李先生？杀死了人，又不敢承认，还要污蔑人，说什么"桃色事件"，说什么共产党杀共产党，无耻啊！无耻啊！这是某集团的无耻，恰是李先生的光荣！李先生在昆明被暗杀，是李先生留给昆明的光荣！也是昆明人的光荣！

去年"一二·一"昆明青年学生为了反对内战，遭受屠杀，那算是年轻的一代，献出了他们的血，献出了他们最宝贵的生命！现在李先生为了争取民主和平，而遭受了反动派的暗杀，我们骄傲一点儿说，这算是像我这样大年纪的一代，我们的老战友，献出了最宝贵的生命。这两桩事发生在昆明，这算是昆明无限的光荣！

反动派暗杀李先生的消息传出后，大家听了都摇头，我心里想，这些无耻的东西，不知他们是怎么想法？他们的心里是什么状态？他们的心是怎么长的？其实很简单，他们这样疯狂地来制造恐怖，正是他们自己在慌啊！在害怕啊！所以他们制造恐怖，其实是他们自己在恐怖啊！特务们，你们相信，你们还有几天，你们完了，快完了！你们以为打伤几个，杀死几个，就可以了事，就可以把人民吓倒了吗？其实广大的人民是打不尽的，杀不完的，要是这样可以的话，世界上早没有人了。你们杀死了一个李公朴，会有千百万个李公朴站起来！你们将失去千百万的人民！你们看着我们人少，没有力量。告诉你们，我们的力量大得很！多得很！看今天来的这些人，都是我们的人，都是我们的力量！此外还有广大的市民！我们有这个信心：人民的力量是要胜利的，真理是永远存在的。历史上没有一个反人民的事例不被人民毁灭的！希特勒、墨索里尼不都在人民之前倒下去了吗？翻开历史看看，你还站得住几天！你完了，快完了！我们的光明就要出现了。光明就在我们的眼前，而现在正是黎明之前那个最黑暗的时候。我们有力量打破这个黑暗，争到光明！我们的光明，就是反动派的末日！

反动派故意挑拨美苏的矛盾，想利用这矛盾来打内战。任你们怎么样挑拨，怎么样离间，美苏不一定打呀！现在四外长会议已经圆满闭幕了。这不是说美苏间已经没有矛盾，但是可以让步，可以妥协，事情是曲折的，不是直线的。我们的新闻被封锁着，不知道美苏的开明舆论如何抬头，我们也看不见广大的美国人民的那种新的力量在日渐增长。但是，事实的反映，我们可以看出。

第一，现在司徒雷登出任美驻华大使，司徒雷登是中国人民的朋友，是教育家，他生长在中国，受到美国教育。他住在中国的时间比住在美国的时间长，他就如一个中国的留美生一样，从前在北平时，也常见面，他是一位和蔼可亲的学者，是真正知道中国人民的要求的。这不是说司徒雷登有三头六臂，能替中国人民解决一切，而是说美国人民的舆论抬头，美国才有转变。

其次，反动派干得太不像样了，在四外长会议上，才不要中国做二十一国和平会议的召集人。这就是做点脸色给你看看，这也说明美国的支持是有限度的，人民的忍耐和国际的忍耐也是有限度的。

李先生的血，不会白流的。李先生赔上了这条性命，我们要换来一个代价。"一二•一"四烈士倒下了，年轻的战士们的血，换来了政治协商会议的召开。现在李先生倒下了，他的血要换取政治协商会议的重开! 我们有这个信心!

"一二•一"是昆明的光荣，是云南人民的光荣。云南有光荣的历史，远的如护国，这不用说了。近的如"一二•一"，都是属于云南人民的，我们要发扬云南光荣的历史!

反动派挑拨离间，卑鄙无耻，你们看见联大走了，学生放暑假了，便以为我们没有力量了吗? 特务们! 你们错了! 你们看看今天到会的一千多青年，又握起手来了，我们昆明的青年绝不会让你们这样蛮干下去的!

历史赋予昆明的任务是争取民主和平，我们昆明的青年必须完成这任务!

我们不怕死，我们有牺牲的精神，我们随时像李先生一样，前脚跨出大门，后脚就不准备再跨进大门！

闻一多的演讲成为声讨反动派劣行的檄文，他是在用生命呐喊，用全身的力气敲响时代的战鼓。这鼓声让人民警醒并奋起，让特务闻风丧胆。闻一多横眉冷对敌人的暴行，演讲时而急促，时而舒缓，却处处扣人心弦，句句饱含深情。这个演讲最后成为闻一多众多诗文中极具代表性的一篇，一直激励着后人。

➡ 英勇献身

★★★★★

（47岁）

结束了在报告会上的演讲，闻一多在青年的围拢下走出了校门。回到家中见到妻子和儿女，一家人其乐融融，忽然很伤感，接下来会发生什么事都无法预料，他越发珍惜留在家中的每一刻时光，更加留恋这种天伦之乐。闻一多见立鹤在家，便小声告诉长子自己去云大演讲的事，立鹤先是一惊，更加担心父亲的安全，也遗憾自己没有听到那场演讲。闻一多告诉儿子没有告诉他们正是怕他们太过于紧张担心，更害怕影响到妻子的健康。

下午，闻一多要去民主周刊为李公朴受害举行记者招待会，他要再次揭露敌人的丑恶面目。中午小睡了一会儿，楚图南来到家中，两人喝了一些茶，立鹤不放心父亲，执意送二人到了周刊门口，并约定四五点钟来接父亲。

高孝贞一段时间以来睡眠不好，中午躺了一会儿就起来了，发现闻一多又出去了，心中一阵紧张和担忧。她感到周围惊人的安静，像是凝固了一般，她不知道，此时周围已经布满了特务。

5点左右，记者招待会结束，闻立鹤陪着父亲一同往家走，不到200米的路途走得惊心动魄。眼看着就要到家门口了，忽然一阵枪声，子弹像雨点一样射向闻一多，立鹤马上意识到他最担心的事情还是发生了，他转身迅速扑在父亲的身上，希望能为父亲挡住子弹，特务又连开数枪，有四颗子弹穿透闻立鹤的躯体射进闻一多的体内，另一颗子弹打断了闻立鹤的右腿。闻立鹤被打翻在地上，奄奄一息，昏迷不醒。

高孝贞听到枪声马上意识到出事了，她踉踉跄跄地跑出门，看见丈夫和儿子都倒在了血泊中，她悲痛地抱起丈夫，身中数弹的闻一多已经血肉模糊，再抱起旁边的儿子，儿子也已经奄奄一息，这位历经了无数苦难的女人被眼前的一幕彻底击垮。但她马上镇定下来，找来行军床，拉上两个人力车夫，和几个孩子一同把这父子俩送到医院。到了医院，闻一多早已没有抢救的希望，鲜血一直不停地流淌，英雄长眠。闻一多倒在民主的道路上，再也没有起来，时年 47 岁。

噩耗传来，举世震惊，上海、成都、重庆、延安等地纷纷为闻一多举行追悼会。毛泽东、朱德、周恩来等领导人，全国各民主党派、团体发出唁电，向这位民主斗士寄托最沉重的哀思。毛泽东、朱德在唁电中这样说：惊悉一多先生遇害，至深哀悼，先生为民主而奋斗，不屈不挠，可敬可佩。今遭奸人毒手，全国志士，必将继先生遗志，再接再厉，务使民主事业克底于成。特电致唁。朱自清为追悼闻一多创作了《挽一多先生》：

你是一团火，照彻了深渊；

指示着青年，失望中抓住自我。

你是一团火，照明了古代；

歌舞和竞赛，有力猛如虎。

你是一团火，照见了魔鬼；

烧毁了自己，遗烬里爆出了新中国。

后 记

红烛光永，典范千秋

历史跨越一个甲子的时空，当我回望英雄的一生，洋洋洒洒几万字，难以诉说心中的感动。在人类历史长河流淌过的无尽岁月里，杰出人物永远是后人景仰和效仿的楷模。时代抚育杰出人物成长，杰出人物推动时代前进。闻一多先生作为 20 世纪中国的一位文化巨匠，他的一生是上下求索，奋进不息，融合中西，联结古今，忠诚坦荡，虽死犹生，人格完美，形象永立的崇高典范。

闻一多先生用自己的生命谱写了一曲响彻云霄的正气之歌！他的热血与千千万万革命烈士的鲜血一起汇入了中华民族解放的革命洪流之中，染红了祖国大地，染红了中华人民共和国的旗帜。正如郭沫若所言"你是中国人民的极优秀的儿子，中国的历史一部分由你创造了出来，它将会和你永远发展下去。中国也快要天亮了。普天四海将要看见无数金的石的石膏的木的闻一多。你是一粒健全的种子，随着中国的天亮，随着太阳光的照射，普天四海而且万年永劫，将有无数无数活的闻一多。由一而多，你的名字和你自己一样便代表了真理"。

学习、研究和弘扬闻一多爱国为民的浩然正气，舍生取义的铮铮铁骨，永不停步的奋斗精神，爱憎分明的严正立场，耿介忠诚的高尚情怀，会通博观的学术造诣，精严缜密的治学态度和淡泊清廉的生活风范，是我们的夙愿。

闻一多先生和他的红烛精神，恰如北斗，千秋永照，永垂不朽！